クリアリング主義

―自分を知って楽しく生きる―

橋本麗香 著

「あなたは今、幸せですか？」

「あなたは心から笑っていますか？」

「あなたは自分の人生を謳歌していますか？」

「あなたは自分のことが好きですか？」

はじめに

先ずこの本を手に取って下さった事に心から感謝致します。

私が心についてしっかりと向き合い出したのは10年ほど前からです。

今までたくさんの喜び、悲しみ、様々な出来事の中で、自分自身の感情や現状に揺さぶられて来ました。

その中でたくさんの学びや気付きも有り、この先どう自分の人生を歩んで行きたいか、どういう自分で在りたいかを深く考えるようになりました。

一見外的な出来事でも、実は自分の内面からの発信だと気が付いたことがきっかけで、自分と対峙することを習慣化していったのです。様々な感情と向き合い、自分を深く知ることで自分を認めるクリアリングを実施しました。クリアなマインドやハートを持つことは、物事や人も素直に感じることが出来るようになります。

そういった過程で再度人生を見たとき、こんなにも目の前の世の中が違って見える物なのかと心が華やいだのを覚えています。

誰にでも迷いや不安、恐怖など、普段は表に出したく無い様な想いが、ふと振りかぶって来ることがあるかと思います。私はそんな時こそ、自分の成長のチャンス、自分を磨くタイミングだと感じて自分と向き合っています。

この本は医学的なことは一切ありません。

私の経験から生まれた独自のメソッドです。

幼少期から今までの生活の中で感じたこと、考えたこと、そして導き出したココロの整え方。

それらを皆様とシェアすることで、自身の本来持っている輝きにフォーカスし、そっと寄り添い、心の華を咲かせ、人生に光をあてて第一歩を踏み出すお手伝いが出来れば嬉しく思います。

一人でも多くの方がご自身の魅力を更に増し、その幸せの波紋が広がっていくことを心から望んでおります。

Reika

Contents

第4章

実践クリアリング1

クリアリングって何？

まずは、タイトルにもなっている『クリアリング』の説明をしたいと思います。

〝クリアリング〟というワードを初めて耳にする方が多いはず。〝クリアリング〟とは一言で言うと、〝自己浄化〟にあたります。自分自身を深く探求することによって、心やマインドのパターンなどを知り、今までの思考癖や心の持ち方を認めることで新しい思考の変換や心の持ち方が柔軟になります。結果自分の人生の進むべき方向がより明確になり、今を純粋に感じることが出来る様になるプロセスのことだと私は思います。

この本は私の一例で出来上がった本です。人によって様々なクリアリング法があるかと思いますが、私の場合クリアリングをするにあたり、幼少期から細かく自分の経験や思考を振り返ることが必要でした。クリアリングも事柄によって、すぐに出来てしまうものから、私の様に長期に渡るものまであります。

日常にクリアリングを自然と取り入れられる様になると、いつもクリアな思考と軽やかな心で過ごすことが普通になり、内外から来る様々なストレスや違和感にも直ぐ気が付き、それらを簡単にリリース出来る様になります。

以前の私は溜め込み体質で、ストレスを感じることすら、いけないことだと自己判断が強く、結果我慢し過ぎて、耐えられなくなり爆発するというパターンにハマっていました。ですがクリアリングを実施し始めると、小さな違和感やストレスにもきちんと気が付き、自分の心の叫びにも気が付くのです。

嫌なことがあってもいい。そう感じている自分がいていい。

一つ一つを認めていくうちに、その先どの様に改善していけば良いか、答えがどんどん導かれるようになりました。

「嫌だな」「ストレスだな」と思っているだけの時代は、ただ〝我慢〟という形で蓄積されていきました。しかし、嫌と思っている自分がいるな。なぜ嫌なんだろう？　どこがどう嫌なんだろう？　探求を深めていくうちに、自分のトラウマと結びついている場合や、勝手な主観で感じている場合、恐怖や不安から来る場合など、だんだんと自分自身の本質の気持ちに気が付いて来る様になります。

そこから深いレベル、浅いレベルのクリアリング。心の浄化、思考の整理などをし、自分の不必要な思考や心の持ち方を解きほぐしてリリースしていくことで、心と思考の断捨離を施すのです。そうすると、物事をありのままで捉え、自分自身がよりシンプルにクリアになるのを感じることが出来るのです。

私はクリアリングをして心がとても豊かになりました。感受性がとても強くなりました。幸せセンサーの感度が上がったという感じででしょうか。

ではこれからは、私の経験を通して、具体的に〝クリアリング〟について話していきたいと思います。

第1章

振り返り期

幼少期の私について

本を書くにあたり自分の人生を振り返ってみました。どうして私は今現在、自分の心の幸せを確保する事に成功し、本来の自分に戻れたのだろうか……。

今までの私の人生の様々な面にフォーカスし、正直に感じてみると、自分でも思わぬ発見があることに気付かされたのです。

私は父がアメリカ人、母が日本人という境遇で産まれ、日本で生活をして行く中、良くも悪くも他者からいつも注目されて来ました。今でこそ、そういった特殊な境遇にも理解されるようになりましたが、私の幼少期は今と比べると、認識の違いが多々ありました。

また当時の日本の教育は特に、統一性や協調性を重んじ、一律が素晴らしいと言う価値観の中、私は〝人とは違う〟という事を、ポジティブに捉える事がなかなか出来ない環境の中に居ました。いつも孤独を感じ、本来の自分を押し込め、求められる自分を演じ、自分とは一体何者だろうと疑問がつきまとう日々。

本来の自分はどこにあるのか？

幼いながらも常に探していた様に思います。

父が日本で生活する中で、外国人であるが故の苦悩を抱えていることを、母との会話や家庭内での空気感で幼き私は感じ取っていました。当時外国人として、日本の社会に受け入れられるのに大変な苦労があり、父の孤独感や寂しさをどこかに感じていた私。自分の感情をあまり表に出さない父の大きくて安心感のある背中には、同時に大きな悲しみも共存していたのです。

そんな父に無意識に甘えながら、小さな両手でめいっぱい悲しみを背負った大きな背中を癒し、愛を贈っていたのだと思い出されます。


『可哀想なダディー』

『どうして皆に受け入れられないの？』


私だけは父の味方だという想い。

私は父の理解者だと言う事。

強靭なエネルギーの中の脆く傷ついたハート。

その繊細な父のハートをいつも感じていました。

私自身、自分のアイデンティティーで悩み、孤独や寂しさを感じやすい少女だったため、父の寂しさや孤独感も言葉無くして感じ得ることは容易でした。その感情はやがて、〝父＝日本に住んでる全ての外国人〟という認識になり、外国の方を見る度に、心が痛くなっていたほど。この様に、自分自身で勝手にトラウマを作っていたのです。後にこのことに気が付き、自分を苦しめているこの感情を手放していくのです。

身体も大きく包容力があり、強くたくましい父。教育熱心な父は時として厳しく、独特の緊張感があり、自由な兄が父に怒られているのをいつも目の当たりにしていました。そんな時は決まって、私は怒られない様に大人しくするのです。

兄はいつも怒られていて、妹の私は大人しくて良い子。

大人しい子＝良い子
良い子＝愛される

私の中でこう解釈していたのです。こうして構築されていった〝良い子の私〟の出現。幼少期に組み込まれた回路は、大人になってもしばらくの間しぶとく残っていました。

一方母は、感情にとても正直な人。喜怒哀楽を表に出し、人間らしさをいつも見せていてくれました。

全ての感情を豊かに表に出せる母は、その裏を返せばいつもその時々の感情に支配されている様に思えました。感情を表に出さない父と感情を表に出す母。そんな両極な両親を観察し、父の深層心理、母の感情の波。どうしたら私は二人の愛を独占できるのだろうか……。〝良い子〟と言われる〝その子〟でいることを選択していました。そんな二人の気質を私は両方持ち合わせています。感情を秘める父。感情を露わにする母。常に人を観察し、自己分析し、タイプに分け、どの様な自分で接するか。無意識に瞬時に判断する。人の感情を汲み取るのが得意だった私は、自分の感情をコントロールするのも得意でした。

ただ、幼少期から無意識的にやっていた感情コントロールは、辛い場面に遭遇した場合、本来の自分で無く違うキャラクターを作り出したり、その出来事を解決させることより無かったことにし、(解決されていないということは納得出来ていないので、また似た様な場面でフッと思い出したりする。)自分の殻に閉じこもる。このため自分自身に否定的な要素を蓄積させていき、後々負担が大きくなっていくのです。

時として母に自分の感情を上手く表現出来ず、得意の殻に閉じこもるという方法で自分を防御することもありました。

自分の心は自分にしか分からない。
誰にも理解されてなくて良い。

だったら自分を見せない。

私なりの防御は最大の抵抗でもあったのです。

感情表現が上手な母は、そんな私と根気強く付き合ってくれました。コミュニケーションもとても上手で、感情のリリースもスムーズにしてくれます。その時の母は何のジャッジメントも無く、ただただ私を認め、理解し、解放し無条件の愛を感じさせてくれます。でも殻に閉じこもった私は、なかなか殻から抜け出せない。なぜなら、殻に閉じこもることで自分を守っているのに、『殻から出たら傷付いてしまうのでは無いか。』という恐怖心が大きかったからです。母は何時間でも待ってくれました。硬く閉ざしたハートを少しずつ母の愛で溶かしていってくれました。優しく向き合い、幼い私のハートを開いてくれました。母の幼少期の話も交えて、私の複雑な想いを理解していることを示してくれました。母の愛は本当に偉大でした。ハグをすると瞬間的に心が開放され、純粋な自分に戻れます。この想いは私の愛の基準になっています。

『人を深く理解し、感じ、愛を注ぐ』

母から学んだ最も大切なことの一つです。

母の存在

母との日々、母との日常、特に幼少期は母という存在が自分の全てです。母が嬉しければ私も嬉しく、母が悲しんでいれば私も悲しく、母が好きな物は私も好きで、母が嫌いな物は私も嫌い。母の表情、母の動作、母の言葉、母の感情、母の五感全てが自分自身と同化していました。

母は何事にも情熱的でした。全てに〝今〟の全力を尽くすタイプだったので、自身の許容を超えると自らのマイナスな感情に支配され、感情のバランスを取れずに翻弄されてしまう女性。何事にも熱量が高い母の感情の荒波を、私達兄妹はいつも目の当たりにしていました。母と兄は似た性格だったので、深く理解し合いながらも、大きく衝突もしていました。それを見て育った私は、バランスを取るようになり、いわゆる〝要領の良い妹〟になっていきました。

母は私の全て、大好きだという感情と共に、時折見せる母のストレートな感情表現に、理不尽さを感じ、度々傷付いていたのを覚えています。母のリズムが私に影響し、溢れ出す愛の中で、どこか満たされない自分自身の心が育っていきました。母も母以前に一人の人間で、そのありのままの姿を私は受け止める。母自身様々な壁にぶつかり、苦悩があったのを伺えます。

愛深き母……。母自身の葛藤の中、母は子供たちへの愛情表現に苦労していたのかもしれません。

私は幾度か母とぶつかり、その時出来た傷から、二度と母には心を開けるのを止めようと誓った事があります。

一番鮮明に覚えている出来事は、高校生の時です。

女の子から女性に変化する多感で繊細でとても大切な時期、ティーンエイジャー、思春期の時期。母はいつもオープンで一人の女性として私に接し、私を受け入れ、女性としてのアドバイスをたくさんくれていました。そんな母が大好きで何でも話していました。学校の事、仕事の事、恋の事など……。

母のティーンエイジャーの時の思いや出来事と共に、母の経験から女性として大切な事など、年の離れたお姉さんの様な感覚で互いの本音を話し合える関係性になり、それが私にとっては嬉しく、とても居心地の良かった事に思えました。姉妹の様に色々なところにお出かけし、おしゃべりする母との時間。今まで子供として振舞っていた自分が一人の人間として認められた様な感覚。これが大人の感覚なのか……大人になるという事は人から認められる事なのか……縮こまっていた羽を心地よく伸ばし始め、初々しい気持ちでいました。もちろん恋の話も楽しくしていました。受け入れられているという環境の中、伸び伸びと毎日を過ごす事がとても心地良かったのを覚えています。

それがある時、母と口論になりました。内容は覚えていない程、小さな事だった様に思えます。その口論時に母の口から、恋人の批判が飛び出しました。


『一緒にいる人が良くないから、麗香の言動がおかしくなるんじゃないの？』


この様な言い方だったと思います。

当時の私は、自分を批判されるよりも、友人や大切な人を誹謗される方が辛く、〝私が母に反発すれば私の関わる全てが悪者になる〟。そう決めつけてしまったのです。以後数年間、母に本音を話す事はなくなりました。秘密主義になり本音を言わない事で母へ最大の抵抗を見せる。言葉に出したら言葉で塞がれたので、黙秘での抵抗をあからさまに見せたのです。この様に些細な一つの出来事が、心のトラウマとなり、何年も引きずるのです。

現在私も、自分の子供に対して感情が先に出てしまう事があります。そんな時はこの出来事を思い出します。母もその時の感情で言った事、それでも私は深く傷つき母に素顔を見せなくなった。この事実が両者の未熟さを痛感させます。互いの感情の相違。そこから根深いトラウマが作られていくのです。

ちょっとしたすれ違いなので、どちらが悪いと言うことではなく、両者共に被害者だと私は考えます。これは親子関係のほんの一例に過ぎませんが、様々な人間関係から作り出される一つ一つのドラマに起こり得る事。だからこそ、起こった事柄に対しての対話が大切になってきます。

相違が起きた時、自分の心を見つめ、相手に理解を示し、共に気持ちを本音で話し合うかことが重要です。

子供に対しても子供が小さいから理解出来ないと決め付けず、互いの意見を交わし心を通わすことを心掛けています。自分の経験から、子供に気持ちを塞がせない。親が注意した時にどうして注意したのかを、子供が理解出来るまで説明して話し合う。それによって一方的な発信から、互いの気持ちの理解と共にコミュニケーションをとるのが日常的になります。

言葉のコミュニケーションを取る事によって、言葉での発信、表現、頭の中で何が起きているのか、心はその時何を感じているのか、幼少期の多感で繊細な時期だからこそ、それをあえて感じ、広げさせる作業をさせています。自分自身の心や体や思考がどの様にコネクトしているのか、より自分を意識的に理解出来る様になっていくと私は思います。それによって、より互いの理解が深まるはずです。

他者がいる以上はその数だけ考え方や感性があります。この世の中で生活していくには、自分を理解すると同時に、他者も受け入れ理解する必要があると思います。家族との意識の違い一つで深いトラウマを作り上げた私の思考。ここから生まれたのが、自分の子供には深く人を理解できる人間になって欲しいという思いなのです。

自分のトラウマを解消して行く上で感じた事は、人の言動も深いレベルで感じ理解する努力が必要だという事です。発信する側にもトラウマがあり、そこからの思いで他者に発信している場合があるからです。

小学校の運動会で。祖母、母、娘3世代。

モデル業スタート

成長してからも、本来の自分、家族に見せる顔、学校での自分。生きやすくするため、無意識的に自分自身を使い分けていました。

こうして分離した自分を作り出すことで、時として家族すら私の気持ちに気付くことはありません。学校や家庭にも自分の居場所や安らぎを感じることが出来ず、私の心はいつも彷徨っていました。瞬間瞬間の楽しさの後には、いつも寂しさや孤独感がついて回る。一見パーフェクトな家族、しかし私の心は自分自身の防御により、愛を素直に感知することが難しく、満たされる事は少なかったように思います。

そんな中、『モデルのお仕事をスタートしてみないか』という話が舞い込んで来ました。10歳の時です。当時の記憶は曖昧ですが、何の迷いも無く二つ返事でOKをしたのを覚えています。

事務所に所属し、宣材写真を撮り、『待ってたよ〜！』と溢れんばかりの笑顔で迎え入れてくれる、それまで感じたことのない温かなエネルギー。

自分は受け容れられている。求められている。

自分の居場所はここかもしれない。

ワクワクの中、明確ではないけれど、新しい自分がスタートする感覚を感じていました。自分の価値を見い出せなかった家と学校の退屈な往復から、新しい世界からのオファー。もちろん最初から仕事があった訳ではありません。沢山のオーディションに行きました。そして沢山落ちました。それでも、楽しくて楽しくて仕方がありませんでした。学校から帰り、孤独や自分の空虚さと向き合うのでは無く、たとえオーディションに落ちたとしても、自分が求められているという錯覚。そして、そこで自由に自分を表現出来る喜び。

もう、演じることをしなくても良いんだ！

自分の人生の物語の主役に、ようやくなれた気がしました。

幼少期に毎日本気で夢を見ていたプリンセス。そんなプリンセスの様に自分を楽しみ、人生がキラキラして、今の自分を心から楽しむ。その自分を発見出来たことは何にも代え難い物となったのです。

私が自分の世界観を小さな頃から大切に大切に守っていた理由は、自分のスペースには人を介入させないという防御から来るものでした。そのおかげで、どんなことが起きても、そこに囚われること無く、毎回新しい自分が存在し、自分自身の価値を認めることが出来るのです。オーディションで落ちようが、仕事が決まらない日々が続こうが、〝私は絶対に大丈夫〟そこには確固たる自信がありました。

〝自分を信じる〟ということは、家庭環境から得たことかも知れません。

モデル業をスタートした当初は、現場に母や祖父母が付き添ってくれました。様々な大人や私と同世代の子供達を見て、いつも周りの人達の素晴らしさを教えてくれました。

『あの子の笑顔は本当に可愛いわね』
『○○さんのおかげで、今の麗香がいるのよ』

私自身の魅力を沢山伝えてくれると同時に、媚びること無く、感謝を表現し、人を認めることも教えてくれました。10歳から仕事を始めた私が〝業界かぶれ〟しない様にフラットな立場でいて、バランスを取ってくれていた気がします。

中でも母や祖母は〝業界流の挨拶〟ではなく、〝通常の挨拶〟をすることを勧めてくれました。モデルになって注目されようが、何一つ特別なことはない。それ以前に一人間だということ。感謝や尊敬など、当たり前のことをいつも大切に教えてくれました。

『自分の価値は自分でこそ守り切れるもの』

自分の魅力が最大限に発揮されるには外面的なことではなく、内面が外面をも作り上げるということ。家族の温かな愛のサポートがあったからこそ、冷たい空気が流れていようとも、それすら気が付く事なく、私らしく表現という場に身を置く事が出来ていたのだと、今になってあらためて思います。

私にとってモデル業は、自分を発見した場所、唯一本来の自分で居られる場所、自分を感じられる場所、自分を必要としてくれている喜び、心の交流を感じられる場所でした。自分が人から認められているというのを感じ、対外的な自信が持てるようになり、学校や家でも自分自身の表現がスムーズに出来るようになりました。まるで自分の中の足りなかったパズルのピースがハマった様な感覚で、全体のバランスが取れるようになりました。仕事が自分という存在を確認するツールだったのです。

母との思い出

母からは本当に沢山のことを学びました。未だに、母からは多くのインスピレーションを得ています。時として厳しい母ではありましたが、それは愛から来ている物だと愛の深さから理解出来ました。母の溢れ出す愛が心地よく安心で、温かな母の存在がとても落ち着きました。母は母親である事以前に一人の女性、人間である事を自身を通して見せてくれた様に思います。時には厳しく、時には無邪気に、明るく、か弱く、強く。。様々な感情をストレートに見せてくれていました。

幼少期が過ぎティーンエイジャーになり、お仕事の話や恋の話など母には何でも話せる友達の様な感覚になりました。幼少期は厳しく見えていた母も、私が十代半ばにはある程度大人として接してくれ、私の言動を尊重してくれる様になりました。母は様々な事を私に話してくれました。自分の幼少期の話し、恋愛の話しなど自分の経験を通して女性として何が大切か、今の時期がいかに大切な事かなど、今まで知らなかった女性としての母を直に感じる事が出来、同じ女性としてとても頼もしい存在でした。中でも母との大好きな時間がありました。それは実家から仕事や学校に送って貰う車中でした。早朝出発が多かったので母の作った朝ごはんをランチボックスに詰め、車中で食べながら移動していました。中でもバターとミルクの入った母お手製スクランブルエッグにケチャップをかけて、炊きたての白米と一緒に食べるのが大好きでした。緊張する現場の道中や色々な感情が入り混じる中、無言の時もありました。しかし、母の作る朝ご飯を食べるだけで、母の愛と共に心もふわふわにほぐれていったのを覚えています。

映像のお仕事が決まったときの事です。物凄いプレッシャーの中、緊張して食べれない朝もありました。それでも車中でお守りの様にまだ温かい朝ご飯を抱え、喉を通らないのは分かっていてもそっと蓋を開けてみます。その瞬間鼻先をふわっとバターと卵の香りがくすぐり、なんとも言えない懐かしい温かな香りと共にツンと涙の予兆を感じたのを思い出します。車中でのコミュニケーションを通して常に母の愛を感じる事が出来、大きなプレッシャーを受けて強張る私を優しくも、心強く温かな愛で送り出して行ってくれていた様に思えます。

ちょうど実家から現場への道のりは自分の切り替えの時間にもなっていた様に思えます。車中では母と二人きり、いつもは話せない事でも、話す事が出来たり、母の好きな曲を聴けたり、なんだか不思議だけれども唯一無二の宝物の空間でした。

母へ心を閉ざした時期もありましたが、私は紛れもなく母の娘で、母の一部で、それと同時に母は私の一部でもあるのだと、今この歳になってようやく理解出来る事が沢山在る事に気が付くのです。

仕事と学校

モデル業を始めた時の私は家族へも本来の自分自身を出せない、学校でも自分だけ違った存在で違和感が有り、モデル業での自分が在る事によって、自分のアイデンティティーや存在、自分自身を認める事が出来き、それによってバランスが取れていました。変わった存在として見たいのならそれで大丈夫。自分の心許せる場所を他に見つけるだけ。自分が認められるその場所で。その心の強さから、仕事に対する情熱が更に増して行ったのを覚えています。

私には生きる場所がある。

今思うと、自分を最大限に活かす方法や場を常に探していたのかも知れません。初めて自分の仕事が友達の目に触れた時の事を覚えています。歓迎と嫉妬が入り混じった感じ。元々親密ではなかった友人が手のひらを返してすり寄って来たかと思えば、その2日後には嫉妬で陰口を叩かれる。この様な現象は日常でした。もちろんブレない友人もいましたが、なかなか小学生で感じる感情としては厳しい現実。このとき、ある意味で人間関係とはこのくらいの物なのだと悟り、冷静に人を見る癖がつきました。そうするとどんどん、学校での友達よりも仕事で一緒になる同年代の友達ととても親密になっていくのです。学校という限られた世界だけで生きている友達よりも、切磋琢磨している友人達からの刺激や影響をとても大きく感じ、子供でありながら大人の世界で共に闘っている友。ライバルでありながら、親友でもある。お互いを高めていける素晴らしい友達でした。

10歳からモデル業を始め、子役からティーンになる時に大きなお仕事が決まりました。オーディションを数百回重ねやっと来た大役。アサヒバヤリースジュースの全国キャンペーンのお仕事でした。新聞、雑誌、電車の中刷り、テレビコマーシャル、大型看板など私にとって初めての大きな仕事。オーディションで勝ち取ったという事も有り、私にとってこのお仕事はとても愛着が有り、キャリアとしても自分に自信の持てるものとなりました。撮影自体は中学生の時でしたが、オンエアはちょうど高校入学の時期。新しい環境、新しい友達、新しいお仕事、人生全てがリニューアルされた、爽快な気持ちでいっぱいでした。小学校高学年から中学校いっぱいは学生らしい学生生活を送れていなかったこともあり、高校生生活は心から楽しもう。そう決意して入ったのを覚えています。そのため、あえて芸能クラスの無い高校に進学。高校生活初日からみんなに歓迎されているのを感じました。みんなが本当に仲良く協力し合い、楽しんでいる環境。ここには裏切りは無く、陰険な世界も存在しない。各々の個性が光り、存在を認め合い、偏見の無い世界。この高校生活で私は自分のガードを下げ、真に人を受け入れる事、真っ直ぐに人を見る事を自分自身に許可しました。

高校生活の楽しさと共にお仕事も忙しさを増していきます。学校に行き、家に帰り、制服から私服に着替えて仕事に行く。土日はほぼ仕事で休みはありません。その繰り返しの日々で、目が回る様な生活でした。それでも楽しくて楽しくて仕方がありませんでした。しかし芸能校で無かったので、お仕事が忙しくなるに連れて、早退も続き、単位が足りなくなり、普通の高校では今のペースで仕事を続けるのは難しいという判断をせざる得なくなりました。止む無く芸能高校へ転校。当たり前の学生生活を送りたかった私の夢は、約半年で終了するという悲しい現実と向き合う事となりました。

ちょうど同時期に出演していたテレビのレギュラー。雑誌とは違うテレビという環境、そこでの共演者やスタッフさんとの関わりが毎回楽しみな現場。毎日の生放送で毎日顔を合わす共演者、私が一番年下ということもあり、みんなとても可愛がってくれて、人の優しさと年上の人の魅力に沢山触れる事が出来ました。しかし、そんな楽しい現場も長くは続きませんでした。それは、当時私は16歳。深夜番組の生放送には本来出演NGだったのです。クライアントさんからのご指摘を受けた当時の事務所は、その番組の出演を降板するという選択をすることに。私にとって家族の様なその現場とのお別れは、とても悲しい物となりました。更に同時期に両親の離婚が重なり、仕事、学校、家庭と全ての挫折を一気に経験。それでも忙しさで前に進む選択をする現実。立ち止まっている暇は無かった様に思えます。いや。むしろ、辛い現実には蓋をして前に進むしか無かったのです。

兄のこと

兄という存在が居なければ、今の私は居ません。そう言い切れるほど、兄の存在は私の中で偉大です。楽しいことも辛いことも全て、一緒に経験して来た兄との絆はとても強いものです。どうしてこれほどまでに兄との絆が深く強くなったのかと言うと、幼少期から十代までの多感な時期に感じた家族や世の中との葛藤を、共に支え合い乗り越えて来たからだと思います。兄も私同様、幼き心に多くの葛藤があったのを感じていました。

活発で自由な兄は、学校でも家でも、感情や行動を押さえつけられることが多かったのです。何事も兄が口火を切って行動していたので、多くの壁にぶち当たり兄なりの方法で解決する姿をよく目にしていました。

それでも幼少期はよくケンカをしました。やんちゃな兄は男の子の遊びをそのまま私にも教え込み、私も兄の遊びに付いていくには、強くなるしかありません。兄に対して大好きと大嫌いが常に共存しながらの子供時代。小・中学校の時は、兄が良く守ってもくれました。小学校で男子にからかわれていた私を見て、私が居なくなった後に彼らと話をしてくれていたおかげで、以後一度もからかわれることはありませんでした。中学校でも、私が中学校生活を送りやすい様に、兄が後輩の面倒を見ていたおかげで、先輩や先生達からはとても可愛がってもらえました。一緒にいるとケンカばかりでしたが、見えないところでいつも守っていてくれたことを後に知り、心から嬉しく思ったものです。

そんな兄からは絶対に離れず、いつもくっついて遊んでいました。何をするにも兄と同じ、喜びも悲しみも全て共有したい気持ち、それが当たり前だと思っていました。シャイだった私とは反面、兄は活発でユーモアのセンスが有り、どこに行ってもリーダー的な存在。いつも周りには人が集まっていて頼もしい兄。小さい頃から何事にも屈せず、自分という芯を強く持っている人でした。そんな兄によって、私はずっと守られて来ました。

勇敢で強い兄からは様々な事を学びました。真のサバイバーだと私は思っています。家庭や学校での摩擦があっても、自分の光を消すことなく進み、社会に出てからも常に自分に高いハードルを課しそれを超えて行く姿を見せてくれる。いつでもチャレンジし物事を切り拓いて行く姿には今も変わらず希望と勇気を貰います。

男としての力や存在、両親に対する思いの葛藤、弱さ、会社での政治、家族愛、人間愛、情熱を絶やさない心、知的さ、惜しまない努力、バランサー、ユーモアのセンス、豊かな感受性……挙げきれませんが、兄は自分の存在全てをありのままに見せてくれました。だからこその気付きや学びを　私が感じ得ることが出来たのです。

様々な事を乗り越え、〝私自身〟を磨きながら保ち続けて来れたのも、今でも兄という存在に支えられているからだと、感謝しています。

家族の崩壊

私は初めて、壊れるということを知りました。

壊れ得ないと思っていたもの。
信じたくない現実。

受け入れる事は到底無理でしたが、受け止める他、選択肢はありませんでした。
親が守り続けていた〝良い親像〟
それが突如として崩れ、両親の〝人間〟を目の当たりにしたのです。

壊れて初めて気が付くこともありました。あれだけ孤独を感じていた家庭でさえ、壊れた後の空虚さは計り知れず、素直に受け止めていなかった私が、沢山の愛を受けて家族と共に成長して来れたのだと感じたのです。崩壊と共に浮き上がった、家族の愛の本質。
当時は解っていませんでしたが、その後私がパートナーシップで大切にしていたのは、この自分の家族の愛をそのまま体現することだった様に思えます。崩壊し、バラバラになったピースをかき集め、また一から形作っていく。もう元には戻らないのを知っている。でも〝愛〟を感じたい。その葛藤の中で、求める新たな愛の形。成長するにつれ、温かで愛溢れる家庭を作ろうと、無意識に相手にも深い愛を求めていました。浅いリレーションシップなど私の辞書には無く、常に深い繋がりを感じていることが重要。不安定な家庭の中、当時のパートナーには何でも話すことが出来、心のよりどころでも有りました。辛く寂しい中でもパートナーとの心の繋がりにより、いつも助けられて来ました。そうすると、そんな家族を体現しているリレーションシップが壊れることへの恐怖。その関係に依存している私にとって、とても大きなことでした。

またあの悲しみや苦しみを感じなければならないのか……。

想像も出来ないほど、愛の関係性が破壊に至ることの恐怖心は強かったと思います。家族が崩壊し、戻れる温かな家はない。その穴を埋めてくれると信じていたパートナーとい
ることは、私の一番のモチベーションとなっていました。

パートナーシップは人生において一番難しいことかも知れませんし、人類永遠のテーマかも知れません。自分のことだけならまだしも、相手が関わることに関しては理解を越えることも多々あります。自分をコントロールするのですら大変なのに、相手は尚更コントロール不能。一番身近な人だからこそ、一番理解し合いたい。行き違う二人、時としてそこには互いのコンプレックスやトラウマが関わっていることがあります。

一番自分が出やすい関係だからこそ、自分の本質の周りに纏っている隠し切れない想いが相手に投影されてしまう。素直に互いに本質で接し合えば良いことも、プライドやエゴの世界からその本質を隠しながら接してしまう。相手の自由を奪い、コントロール下に置き、相手を制限する。隠しごと、嘘、信頼関係を失い、いずれは破壊の路を辿ります。

私は両親からや自分の経験からも言えることですが、愛や信頼から来る衝突は解決しますが、不安や恐怖から来る衝突は悲惨です。お互いが本心の本真まで見せ合う事が出来ない限り、一見仲直りした様に感じようとも、根本は解決していません。

そういう関係性はまた同じ様な内容の出来事が再発します。本当に深いリレーションシップを築くには互いの努力が必要です。見せたくない部分も見せ、オープンに真相を話す。相手のせいにし、現実から逃げることも可能です。ただ一度逃げ出すとまた、次のパートナーで同じ様な事が起こります。絶対に。それは相手では無く、結局は自分自身が根本的解決して変化していないから、その様な結果になるのです。この様にパートナーシップでは自分の良い面も悪い面も浮き彫りになっていくのです。

人を変化させるより、自分が変化した方が早い。

ある程度の歩み寄りを相手に示しても、本質的に食い違って自分の負担が大きくなるのであれば、相手に多くを求めず、自分の向上のために自分が変化していった方が賢明です。自分が変化していけば自ずと相手も変化していくものです。

変化することで今までと見る世界も変わり、パートナーの違った面を認めることが出来るかもしれない。今まで固執していた物から解放される場合もあります。

求めている時は得られずとも、手放したら得られるものだったりもします。相手に合わせ過ぎてしまうと、相手の人生を歩んでいる時があるはず。これは相手にとっては都合よく、自分にとっては負担が大きいだけ。最初はなかなか気が付かなくても、後に自分が消耗した時に気が付き、修復が難しくなっていきます。

相手のためを思ってやっていたことも、結果、お互いのためにはなっていません。

〝思いやり〟は相手に届いて初めて成立する。思いは発信する側とそれを受け取る側、二つが互いに合わさった時に作用するのだと思います。

様々なパートナーシップがありますが、私は互いに尊敬出来る箇所が無くなったら、その関係性の継続は難しいと考えています。

『親しき仲にも礼儀あり』

これはどの関係値においても必要なことです。

父と母からは両極性を学びました。まるで恋人同士の様な愛むつましいところも見せてくれていましたが、水と油の様に交わらず激しく口論する様も見て来ました。良く言えばオープンな家庭、悪く言えば落ち着かない家庭。比較対象が無いので、何の違和感も無く、これが当たり前の状況で育ち、私自身インパクトがある方を鮮明に記憶し、だんだんとケンカをしている時のイメージばかりが強く印象付けられた感覚です。

深いレベルで母への理解を試みると、シンプルに母は父の全てが自分に向いていて欲しかったのかな……と感じます。どの瞬間も父に自分だけを感じていて欲しかった母。それは母の幼少期の寂しい想いから来るもので、常に温かな愛で溢れていたいという想いが、無意識に強く母の中にあるのだと想像出来ます。

忙しかった父は疲労を見せて帰宅。すると母は父が自分に向いていないと勘違い。母の不満が態度となって現れます。父はただでさえ異国の地での人間関係や生活に苦労しているのにも関わらず、家庭では母の気分が優れません。父にとって唯一の理解者であって欲しい母。しかし、母は理解者として存在していないのです。誰にも心を理解されない父、母も共にそう思っていたと思います。

あくまでも私の見解で、二人にはもっと複雑に絡み合った事があったかと思います。ですが、本質的には愛し合っている二人でも、共に表現や受け取り方が違って来ると、歯車が狂い、結果修復不可能になるのです。様々な関係地でそれぞれ納得出来る付き合いが出来ていればいいのですが、無理をし続けている事はいずれ破壊の路をたどります。人の気持ちは日々変化していきます。様々な影響を受けて日々アップデート、リニューアルされて行くのは当然のこと。だからこそ、恋人や夫婦間のコミュニケーションにおいてお互いの気持ちや感性を交換しておく事は大切な事です。ケンカが悪い事だとは思いません。コミュニケーションの中での自分や相手の感情が理解し合えなかった時には衝突という形で現れるかもしれません。しかし、深いレベルで相手を理解しようと試みた時は、不思議と自分の感情は落ち着いて、相手にもスムーズに気持ちを話せる様になります。分かり合えないと思いながら話すのと、深く理解しようと思って話すのとは全く会話も変わって来ます。もちろん、相手のある事なので、自分が理解を示しても、相手が理解してくれるかはわかりません。しかし、自分の気持ちが柔らかくなり、相手にもそれが届くと険悪な空気は変化するものです。

自分が相手に深い理解を見せて、相手を許し、受け入れ、やれるだけの事をやった上での選択や決断は、感情的になった時の選択よりもずっと自分らしい選択に思えると思います。そして、相手を深く理解した上での選択は相手を否定する事無く、一人の存在として認める事が出来るので、嫌いになったり、嫌な別れ方をする事も少ないはず。どの様な結論であれ互いにとっての学びとして受け入れ、納得、前進する事が出来ます。

父との今

16歳で両親の離婚を経験し、私の中での絶対的な愛というものが破壊されました。そこから家族は本当にバラバラに。約2年程父には会ってはいませんでしたが、兄の提案で父と再会することになりました。様々な思いの中、私は父と対面するまで父を赦せるのか分かりませんでした。久しぶりの再会・父の大きな身体から溢れ出す安心感と懐かしさ。

そのとき、大きなダディーの愛は私の中に戻って来ました。しつこいと思っていた大きなハグが懐かしくて温かくて、以後大好きになりました。

そこには何のしがらみも関係無く、 ただ純粋な愛だけが残っていました。それから、父とは定期的に会う様になりました。父との時間。家族だった頃とは違う父との空気。また一から積み上げて行くこの時間を大切に育んでいこうと思いました。

父との再会時、目の前に居るのは以前の家族の前で見せていた父とは全くの別人。リラックスし、喜びに満ちたおおらかな一人の男性がそこには居ました。全てを受け入れ前に進み、幸せの本質のみを感じて居るかの様に思えました。そんな父を見て私自身も子供としての振る舞いから、一人の人間として新たに自分というものをありのままに表現出来る様になりました。真の心の交流が初めてこの時生まれたのです。

父も以前は様々な重圧やストレスを感じながら家族という枠に囚われていたのかも知れない……様々な家族の形があり、正解などどこにも無い中で、それぞれが理想の家族を目指して葛藤していたのかも知れないとそのとき、目の前の父の柔らかな表情からそれを感じることが出来ました。〝当たり前〟と思っていた家族の破壊により、〝当たり前〟なものなど何処にも無いと意識の変換が生まれ、より意識的に家族との交流を持つようになったのです。

無意識的にただ日々が流れて行った家族時代よりも、意識的に家族との交流を持つ今。意識的に家族に向かう自分、きちんと愛や感謝を伝える。こういった当たり前のことを一つ一つ丁寧に表現して、互いに関係性を深めていくことの大切さを噛み締めているのです。時にはポジティブでは無い感情も含まれますが、大切な家族だからこそクリアにそれぞれが思いを伝える。

破壊によって生まれた新しい形の家族というものの、構築をあらためて始めていくことになり、今の私の中での家族というものは、大切にするという意識の元にきちんと形にしていくもの。無意識的、流動的な物では無く、意識的に構築することが、より硬い幹を再築しているのです。それは儚く繊細だと知っているからこそ、辿り着いた思いなのです。

母を理解する

自分のトラウマを解消していく上で、感じた事は、人の言動も深いレベルで感じ理解する努力が必要だという事です。発信する側にもトラウマがあり、そこからの思いで他者に発している場合があるからです。

私は母を許す上で、母のトラウマを感じそれを癒す事も実施しました。ただ起きた出来事を自分の中で解消するのでは無く、原因の原因を辿り、母を深いレベルで理解する事により、母のその時の気持ちを受け入れるという事です。

母も幼少期に私の祖母との関係で寂しい思いをしていた事を聞いた事がありました。その孤立感を原因は違っても、娘の私に感じさせてしまう。もちろん無意識レベルで母は気が付いていないでしょう。トラウマは受け継がれるのでしょうか……。もしそうならば、それは私で止めなくてはならない。軽やかで美しい連鎖は歓迎しますが、辛く悲しい連鎖は断ち切らなければならないと、子供を持った今、私は強く感じるのです。

そのために、自分のトラウマを解消し、母のトラウマをも感じ、母を理解し許す。こういう経験が与えられたからこそ、人生という教科書を通し変化させる事が出来るのだと思います。これは親子3代通してのクリアリングだと思います。だから祖父母から昔の話、家族の歴史を知ることは大切なのです。

私の経験上、自分の殻に引きこもり、自分の情報を開示しない事は簡単ですが、それによって、自分の中の小さな世界に自分を収めてしまう事になります。それよりも、たわいの無い会話からでも互いの心を通わし、互いに理解を深める事で他者を許す心も育つ。様々な感情が絡み合っているからこそ、それらを感じ理解しようとする努力から、物事の本質が垣間見え、シンプルな意思疎通がしやすくなるのだと感じるのです。

大好きなダディーの肩車でごきげん

毎年恒例家族旅行

2歳、祖父母宅にて。母のお手製ドレスを着て

母との外出はいつも楽しい

第2章
発見期

自己形成のまとめ

ここで今一度、私の人格が、どの様にして出来上がったのか考えてみます。

〝綺麗な部分〟だけを見せる事も出来ます。逆に〝ダークでミステリアスな部分〟にフォーカスし、そこを見せる事も出来ます。描写の仕方は様々で、どの部分をどう表現していくかで全くストーリーは変わっていきます。

こう思った時に、自分を一方から見るのでは無く、多方面から立体的に観察し、捉え、様々な影響を受けて今の自分が出来上がって来たという事を、ありのままにこの本から伝えたいと率直に思いました。

過去の私は見せたい部分しか見せない。色々な自分を使い分ける事が傷付かないための防御だと思っていましたが、それが原因で後に自分を苦しめる事になりました。その経験から、素直な自分で居られる事が、どれ程ストレス無く、人生を楽しんでいけるか分かりました。

人を見て自分に気が付くという事があります。他人がそうだったから、自分も受け入れやすくなる。そんな風に自分に置き換え、受け入れて、発見し、不安を手放し、本来の自分で生きやすくなる……。

では、私はどの様な影響を受け、今の自分が出来上がったのでしょう。

- **7歳の頃のハッキリとした自我の目覚め**
- **両親からの影響**
- **自己のパーソナリティー**
- **兄の存在**
- **家族構成、環境**
- **小、中、高での人間関係**
- **モデルという仕事**
- **パートナーシップ**

大まかに分けるとこの様な事柄から大きく私は影響を受け、自己形成されていきました。それぞれを更に詳しく掘り下げて行ってみます。

私の両親は両極な性格の為、二人の関係性にも波がありました。凄く仲が良くて愛情表現豊かな両親を見るのはとても幸せで、そこからパートナーシップの大切さや豊かな愛情表現を学びました。一方で、深く父を愛すが故に母が父に求めるものも大きく、それは時として父を苦しめていた様に、今振り返ると思います。

当時の二人はお互いの深層を上手に伝える事は出来ずに、よく誤解が生じ、激しく衝突していたのです。深い悲しみを露わにする母、理解されない孤独から余計に硬く強張る父。互いに理解し得ないという葛藤。私達兄妹はいつも両親の愛の深さと共に愛の苦悩を目の当たりにし、感じていました。

大変そうな両親を見ていると、自分の心の葛藤などは全く話す事など出来ずに、自分の悩みは自分で抱えるのが当たり前でした。母からは自分の内面や家庭内の事は外に出さない様にいつも言われていました。それは由緒正しい母方の家族からの教えだったと思います。

辛さや苦労を露わにするのは恥ずかしい。当時の世の中もそういう空気感であったと思います。こうして、私は常に自分の苦悩は自己解決するしかない。そう思っていました。こうして、一歩外に出たら家庭内の別の側面は話さない、いつも表だけを見せていました。嘘ではないが隠している部分がある。オープンに出来ない部分を秘め、心の葛藤を抱えながら、本来の自分で歩めず違和感のまま過ごしていたのです。

そんな環境の中、私が16歳のとき、両親の離婚が突然訪れました。あれだけ〝世間体〟を気にしていた母が離婚という決断。まさかの出来事でした。両親の離婚により、自分のパーツがバラバラになり〝壊れる〟という感覚。信じていた〝家族〟の崩壊。どんな事があっても無くならないと思っていた〝家族〟が分離したという事実。それは16歳の私には大きな衝撃で、家族の崩壊と共にハートも壊れていきました。

母自身経験から、自分を守るため、家族を守るため、他人につけいる隙を見せない様、全てを露わにせず、母が見せたい面のみを見せていく様にしていたのだと思います。ただ普段からありのままでいる事をせずに、他には良い面しか見せずにいると、いざこの様な状況になったとき、対応し切れないのです。しかし、そもそもジャッジメントの無い子供にしてみたら、良いも悪いも無く、全ては日常な訳で、その時点で〝母のジャッジメント〟が子供に刷り込まれていくのです。なのに今まで母から与えられた教科書では、不正解のはずの〝離婚〟に現実として直面して、

何を今まで守って来たのだろう。
何のために守って来たのだろうか。

矛盾という分厚く冷たい波が私を襲い、その暗く冷たい海の中で何の助けも信用できず、求めず、いつもの自分の硬い殻に戻るだけでした。

冷静に考えることが出来る今、〝あの時の私はどういう状況にいたら、傷が浅く両親の離婚に理解が示せたのだろうか〟。家庭内で見ているありのままを、素直に子供に説明し

てくれていたら、どうだったであろう。自分に対するジャッジメント（裁き）も無く、親と言う以前に一人の人間であり、苦悩や、様々な感情もある。

〝前向きに解決していく気持ちを、表してくれていたらどうだったであろうか〟。〝良い家庭〟というモデルケースを植え込まれずに、どんな状況が来ようが、人間として深く理解を出来ていたのでは無いだろうか。

この様な経験から、私はどんな事であろうが真心の対話を大切に、自分や他者、事柄をジャッジメントしないという意識のもと、人や現状と向き合って来れるようになりました。

コンプレックス

私はいくつかのコンプレックスを抱えていました。外国人の父、日本人の母、日本で生まれ育ちモデル業を始めるまで、自分は他の人とは違うと、自分にコンプレックスを持っていたのです。同一が良しとされていた学校という環境で、個人の個性は尊重されず、周りと同じが良いと心から思っていたからです。顔のパーツもコンプレックス。でも一方、モデル業では自分の個性を恥ずかしいと思わなくていい、自分を思いっきり発揮出来る場でした。お仕事の中で自分の個性の行き場を見つけ、学校の中ではコンプレックスだった容姿も、モデル業では強みへと変わっていきました。10歳からのモデル業開始からティーン誌のモデル、そして女性誌のモデルのお仕事に移っていき、様々なお仕事を経験して行く中、それまでは気にならなかったことが気になって来ました。それは身長です。当時は今の様に様々なサイズのモデルさんが居ない時代。長身のモデルさんが多く、今まで全く気になっていなかった身長が気になり出したのです。私は身長が他のモデルさんよりも低い。そのことで引けを取らないよう、決まりきったポージングでは無く、私なりの自由な表現を心掛けなければ負けてしまう！　より個性を発揮するように心からの表現を大切にしました。

コンプレックスを持っていると、自己否定を抱くことになります。こんな私だから認められない、ここが恥ずかしい、こうだったら良かったのになど、否定的な思いが常に浮上して来ます。私の場合、容姿という変えることの出来ないコンプレックスだったので、自分の心を変える他ありませんでした。自分に自信の持てない自分がとても悲しく思えました。その為に必要なことは、本来の自分を取り戻すこと。モデル業は自分自身がありのまま表現され、自分の心がそのまま作品として残ります。自信が無い時はそういう顔をしています。伸び伸び表現出来ている時は仕上がりもとても素晴らしいです。その様に自分の心が真っ直ぐに表現され、コンディションとして出てしまいます。だからこそきちんと自分と向き合い受け入れ前に進まなければなりませんでした。

人から見て素晴らしいと思われていても、自分にとっては最悪に感じていることもあります。でも実は、人からの見え方と自分の感じ方は違う事が多いのです。自分の中では大きく膨んでいることでも、はっと気がつくと、全く問題では無かった場合もあります。私もコンプレックスを克服したとき、どうしてもっと早くありのままの自分を認めてあげられなかったのだろう、と思いました。どうあがいても自分は自分でしか無いのです。誰にもなれません。だったらどうやって自分自身と仲良く楽しく過ごしていけるか。そう思った時、やはり、〝認める〟しか無かったのです。どんな自分であれ私という〝かけがえのない存在〟なんだと。そのシンプルな本質に気が付くだけで、自分の活かし方が見えて、思いっきり人生を楽しむ方法はコンプレックスを強みに変え、オリジナリティーとして輝かせる事がポイントなのです。

パニック

私は、パニック症状に陥った経験があります。それまでの私は、〝自分は強い人間〟だと思っていました。パニックの最中、あれだけ〝強い〟と思っていた自分が脆く崩れ去り、足跡も残さずに立ち去って行き、〝弱い自分〟〝無力な自分〟を感じる中、どうする事も出来ませんでした。己から、強い自分が分離し、自分の〝弱さ〟〝脆さ〟を知った瞬間でした。

その現象は内的な精神の抵抗を、身体の生命維持機能を使って知らせて来たのだと思い、自分でコントロール出来ていると思っていた〝自分自身〟がコントロール不能に。それは受け入れ難い事実でした。その頃の私は一人で毎日泣いて居ました。ただ悲しくて、寂しくて、不安で、恐怖で。外では見せないようにいつも頑張って、明るく皆から求められる〝大好きな自分〟を演じて居ました。人からは仕事も、プライベートも何不自由無く幸せに見えていたと思います。私は幸せなはずなのに〝幸せを感じられない〟マインドに身を置いていました。なぜならその時期、心の底から信じていた友人からの裏切りを経験したのです。心のスペースの多くをその人に受け渡していた私は、その人への信頼や自分が美化していた部分にヒビが入った時、大変な心のダメージを受けました。その余りに大きな痛みに、もう、〝心に誰にも入れない〟と決定したのです。あんなに傷つくなら、信じないという以前に自分の世界に入れなければ良い。全てから完全に心を閉ざし、秘密主義になり、〝AI化〟させた自分を作りました。

心を開いたから傷ついたんだ、心では感じず、ロジックを信じよう

今思うと、非常に偏り間違った思考でした。完全なる〝心の不感症〟を自ら選択したのです。

同時期に、今までと違う環境で仕事をスタートさせていました。新しい人達と新しい環境での仕事。最初はとても楽しかったです。新たな自分がまた発見出来、発信される！期待と希望に満ちていました。ですが今までの自分のキャリアと、その〝新しい場〟は自分が思い描いていたものとは掛け離れていたのです。常に見えないプレッシャーの中、毎日が緊張の連続。

『ミスをしてはならない』
『その場に自分は合っているのだろうか』

全てが自分からかけ離れて、常にその〝新しい場〟から求められる自分を演じていました。ビジュアルも言われるがままに変更し、自分の表現法も言われるがままに変更し、いつも不安要素の高い言葉を投げかけられ、自分のやっている事に自信が持てず何かいつも〝査定〟されている気がして、本音で行動することは出来ませんでした。

ただ〝良い子〟でいよう、〝良い子〟で乗り切ろう。今思うと、今までの自分を全否定していたことになります。〝本来の自分〟から離れ、違和感がある毎日でした。

そんな毎日の中〝本来の私〟が暴れ出しました。〝パニック〟という症状で訴え出したのです。仕事の現場に入り、メイクをし、衣装に着替える。だんだんと出番が近づきます。いつもだったら、一番ワクワクする大好きな瞬間です。それが、その時突然の〝パニック〟状態になりました。呼吸が浅くなり、手には汗をかき、こんなにドキドキした経験は無い程、心拍数が上がりっぱなし。頭の中が本当に真っ白になり、危機感が増します。自分を保つためにトイレに逃げ込み、落ち着かせようと努力します。強いプレッシャーと共にかかる過度なストレス。『ちゃんとしなければいけない』『失敗は許されない』という脅迫概念が私を強く押し潰し、それに抵抗するが余りに、身体全身の機能が異常な反応を見せていました。

究極的状況に陥った私は、気が付きました。〝自分を無視し続けた結果〟の自己崩壊だと。どんな状況に置かれ様とも、自分を〝おざなり〟にしてはならないのだと。周りがどうであろうが、**自分の在り方は自分で決めるのだと。**

この経験を通して大きな学びと気付きがありました。パニックは一回発症すると、今度は、〝また発症するかもしれない〟という第二の不安要素が生まれます。これぞ、負の連鎖、全ては私自身が引き起こした結果です。それを認め、心を取り戻す努力を必死で取り掛かりました。

内的幸せ

私は自分が向上して行くために、今までの人生を細かく振り返り、一つ一つ自分の感情や出来事を紐解いて行くことで、私自身気が付いたこと。それは私は沢山の愛やサポートを受けて育ち、今があるということです。

なのに、心に傷があることで、その素晴らしい愛やサポートを忘れて、それ以上の愛やサポートを望んで来ていたのだと……。傷ついた心を埋め自分が立ち直り、前に進むにはいつも自分や周りを否定して心を閉ざし、防御の体制に入り、他を受け入れず、自分を他から分離させていたのだと。

他から傷つけられたから、他を受け入れない。その様な思考を持ち続けていた時代は自分の成長も無く、幸も不幸も外から来るという、自分の人生にも関わらず、自分を無視した無責任な思考だったと思います。そういう時代は自分の心的成長も少ないので、いつもの自分の思考のパターンにも気が付かづに、常に同じ人生のパターンに自らハマっていたのです。

ある時、思い描いている幸せを、どうして私は得ていないのだろうと思った時に、真剣に今までの自分の人生と向き合いました。誰にでも幸せを得る権利はある。それは平等です。なのに、今私は自分の人生を謳歌出来てない。欲しいものは与えられているにも関わらず、幸せを得ていない。欲しかったと望んでいたものは外的なものであって、結局私の心を満たすものでは無かったという事実。その矛盾は私にとって、とても刺激的で、素晴らしい気付きとなりました。

自分があれだけ欲していた幸せは、自分にとっては勘違いだった。

では、何が自分にとっての幸せであろうか。
やりたい仕事も出来て、好きな環境に身を置き、それでも何か満たされない。ハートに小さな穴が空いていて、そこから冷たい風がヒューヒュー出入りする度に感じる寂しさ。これだけ恵まれた環境にいるにも関わらず、自分は恵まれていないと思い、〝もっともっと〟を外に求め、自分を満たすことを自分でしてこなかった結果だと、悟りました。

今、私は幸せになりたい。
幸せになるんだ。
幸せな選択をして行くんだ。

今こそ、今までの自分のパターンを壊し、自分が自分の幸せのために、変化すべきだ。

“私は絶対に幸せになる”
“私にはその価値がある”

と強く心に決め、自分と対峙し、自分を知り、不必要な感情のパターンなどを理解し、手放す作業を始めたのです。それは貪欲までに、自分の内的な幸せを発見し、確保するという強い意志がありました。

自己否定

以前の私は〝自己否定〟がとても強かったです。クリアリングしても未だに〝自己否定〟の念が時おり上がってくるほど。事あるごとに、

『またやってしまった。ダメな私』
『だから私はダメなんだ』
『私は嫌われている』
『私は認められてない』
『もっと痩せていなければ』
『今日の顔は酷い』

など、自分自身にネガティヴな思いを馳せていました。
自分を認めない事が自分の強さの源だと勘違いしていた時は、毎日粗を見つけては改善箇所を探していました。それが成長の近道だと思っていましたが、そういった自己否定の

思いは永遠に抜け出せないアリ地獄の様に常に向上出来得ない思いへと変換されていきました。

否定から向上するということを、幼少期に植え込まれた気がします。良くなるためにダメな自分を作る。一時はそれによって向上した自分も居ました。その経験から、自己否定を向上の武器として持ち続けてしまっていたのだと思います。その思考の癖はだんだんと自分自身を蝕ばみ、自己否定は結果、自分を信じなくなり、常に他人の評価を気にするのです。それにより、自分と他人を比べる癖ができ、人を評価し、自分も評価します。それによって、『あの人よりはマシ』『自分はあの人より下』など上下の思考が生まれ、常に何かを評価するという基準が出来上がっていきます。

評価でがんじがらめになった自分は何かも分からず何かの正解を求め、彷徨います。自分がしたいことが分からなくなり、人の意見を求め出します。他人の評価が気になるという事は、自分の価値観を放棄している事になり、結果、常に人の意見が欲しくなるのです。今度は自己判断が出来なくなり、他に自分を任せだします。

自己否定から自信を失い、自分の価値が分からなくなり、常に他人と比べ、他の評価が気になる。それは自分を生きていることにはなりません。向上するために身につけたはずの、〝自己否定術〟。それは続けていると、自分自身が分からなくなり、目的を失う結果になるのです。

パターン

パターン。
繰り返し行なっている無意識のパターンは様々あります。

日常的なルーティーン
恋愛で陥りやすいパターン
上司との関係性のパターン

自分の過去のデータを元に、無意識にパターンを作っています。人や状況が違えど似た出来事が起こります。それは無意識に自分が作ったパターンにはめ込むので似た状況が起こるのです。

人はパターンを作ることである意味安心しています。なぜなら、未知なる新しいことよりも、今まで経験したことの方がスムーズだからです。無意識的に人は自分でパターンを形成して行っているのです。それは産まれたときから始まっています。〝お腹が空けば泣く→ミルクが飲める〟など、動物的本能とも結び付いているので、パターンを解消するにはハードな場合もあります。〝朝起きて、コーヒーを飲んで、シャワーを浴びる〟このように、日常的にやっていることも全て自分で作ったパターン。

毎日自動操縦で、思考も感情も使わずロボットのようなことを繰り返ししていると、日々退屈になって来ます。それも、実は自分の選択なのです。自動運転で自分の時間を使って、日々過ぎ行くだけ。何か楽しいことや刺激的なことは、自動的に外からやって来ません。それでは限られた時間がもったいない。

日々意識的に過ごしてみる。

その気持ち次第で、行動はいつもと同じ行動パターンに見えても、自分自身の生きた行動となり、一つ一つに意味が生まれてくるのです。

第3章

再生期

キズとの付き合い方

今まで傷つき、沢山泣いて来ました。もがいてももがいても、光は見出せずに、永遠に感じる冷たく暗い心の闇を抱えていた時期もありました。誰しも経験する心が痛く苦しい思い。余りの苦痛にトラウマが生まれ、人格をも変えてしまう場合があります。

そんな中で私は、お仕事に救われて来ました。小さな頃から人前に出るお仕事をしていることで、ONとOFFの切り替えが得意になったのです。お仕事は私の生きる場、活かされる場、私そのものでした。

だからプライベートでどんなに心的状況が乱れることがあっても、お仕事になるとお仕事に対する情熱で全て切り替える事が出来ました。お仕事をするにあたり、母からはいつも『負の感情は自分が損をする。内面が表に出るから、いつも自分の環境を良いものにしておきなさい』と言われていました。鏡で自分の顔を見れば今の心的状況が一目瞭然です。自分の目はごまかすことは出来ません。そのため、どんな事が周りや自分に起きようとも、いつも切り替えられる自分を作っていました。ただ、切り替えは上手になっても根本は解決されていない場合、遅かれ早かれ結局はその部分と対峙するときが来るのです。

内面性が外面に出ることを知っていた私は、今まで無視していた癒されていない傷や自分の心の訴えをきちんと聞いて、一つ一つ丁寧に向き合いヘルシーな心を作る努力をして来ました。傷や痛みとは言え、私にとってそれは決して悪ではありません。その時の自分は深く傷つきましたが、それによって今の自分が形成されています。

過去が重なり合って今になる。

良い事も沢山ありましたが、ハードな出来事の中から大きな学びも沢山ありました。その一つ一つの傷を恨み、後悔し、軽蔑し、嘆き哀しむことも出来ます。しかし私はその傷や痛みからのメッセージを純粋に聞き、受け入れて来ました。そして自分の人生を向上させるためには、いつまでもその想いを持ち続ける程重荷な事は無いと感じました。どの様な学びとして受け取るかはその人次第。だったら私は自分の人生を向上させ、一人の人間として輝ける様な学びとして受け取れば良いと思いました。過去は変えることは出来ません。だからこそ、そこから何を学び、これからへ活かすか。そのために一つ一つの傷や心の訴えに耳を澄まし、改善しそれらを越えて更に自分の望む未来へ繋げて行く必要があるのだと思います。

人によって現在の心の状態と心の傷の度合いによって、長期的に少しずつ癒していく場合と一気に解放される場合と様々です。私の場合、最初に心に上がって来ている傷や感情の場合はその感情を観察し、どうして今この感情が上がって来ているのかを感じます。その感情は今の自分にとってどんなメッセージをして来ているのか。ずっと持っていたい感情なのか、もう必要では無い感情なのかを感じていきます。次に書き出しや、その時の自分に合った浄化法を用いてリリースしていきます。深い傷の場合向き合うことがタフな場合もあるので、しっかり自分が今その感情や出来事と対峙していける精神力があるのかを確認します。それでもリリースして癒されたい場合はしっかりとその傷が付いた時の自分の心境と向き合い、感じていきます。深い呼吸をしながら、あの時の自分、周り、思い出したく無い事でも、鮮明に思い出していきます。その時の自分に今の自分が優しく声をかけ、もう大丈夫だと、安心して良い事、これから幸せな選択をして行くためにもその深い傷をずっと抱えている必要は無いのだと教えてあげます。

今まで頑張っていたその古い傷も今は癒しの時を迎えている事、その時の辛さや悲しみを今全て感じて、癒し、今ここで解放されることを感じます。更にその時深く傷つき悲しみ、耐えた自分に今の自分から『本当に頑張ったね』と愛と労いを送ります。自分を、人を、全てを赦していきます。赦す事に抵抗を感じる場合は全てを赦す自分自身を赦します。心に注目し、軽く感じているのであれば、解放に向かっています。硬く閉ざした感じがあるのであれば、無理にそこで解放させようとしなくて大丈夫です。先ずはその感情と向き合う姿勢が最初のステップです。向き合おうと思う事自体に意味があるのです。

深く奥底にしまってある感情や記憶を掘り起こすのは、簡単では無い場合も多々あります。深いところの傷との対峙を望む場合は、時間をかけて少しずづ溶かしていこうという思いが必要です。自分の心の状態とよく相談して実行するのをお勧めします。

自分を解放する

〝本来の自分〟を歩んで行く上で、様々な事から自分自身を〝解放〟していくということは非常に大切なことです。

〝ルール〟の中で生きて来た私達。

学校のルール
社会のルール
個人単位のルール

様々なルールという規定の中で生きて来ました。社会的行動を伴うために、ある程度の規定は必要だと思います。しかし、余りにもルールで縛られ、その規定から外れることを〝良し〟とみなさない風潮は、学校の為、会社の為、誰かが決めた枠の中で人生を過ごし、モチベーションの低迷が生じ、〝自分らしい生き方〟とは言えない〝外側の為の自分〟で居ることになっていたのだと後に気が付きました。

私も幼少期は学校でその様な教育を受け、〝皆と同じ〟が素晴らしいと思っていました。皆と同じだったら安心、あの人もやっているから良い。〝枠から出ない様に〟生きていた時期がありました。個性というものが尊重されずにいた環境、ルールの中で縛られていることにより逆に安心感を得ていたのかも知れません。

個性＜協調性

この様な教育の中で育った私は、〝学校では目立ってはいけない〟これを強く意識していました。

外見的にも目立ってしまうので、あえて地味な服を選んで着ていたのを覚えています。皆と違った容姿、外国人の父親。周りからは常に興味の対象。〝そもそも珍しい〟私という存在は、協調性という枠の中で生きていくことに徐々に息苦しさを覚えていきました。普通以上に周囲からの目を気にし、多くの感情を他には見せずに、自分の内に秘める様になっていました。

幼少期から、過剰なルールの中に毎日身を置き、当たり前の様に規定という枠の中で生きていたことに気が付いたとき、様々な面から自分を解放することが必要で、それによって、〝本来の自分〟というものが発見されていくのです。

意思の力

無意識の思考が行動を決め、日々の選択の積み重ねで自分の人生を作ってきたと認めた私は、今すぐに自分の思考のパターンを知り、変えることをしなければなりませんでした。今のまま自分の変化を受け入れなければ、何も私の人生は変化せず、本来の幸せを得ることは出来ない。今までの人生に感謝して自分の思考を変え、意識を高く持つ、この意識の元、私は意識的に考え行動する事を実施していきました。

先ずは自分の思考に注目してみます。無意識的にしているいつもの思考に自分のパターンが潜んでいます。場所と思考が結び付いている場合もあります。私の場合、シャワールームでいつも愚痴が出て来てしまっていました。それに気が付いた私は、この場所を自分の感情のリリースの場所にしようと考えました。無意識的な愚痴では無く、意識的に我慢していたことや感情に素直に向き合い言葉や感情として、お風呂やシャワーで、意識的に感情を水と共に流していきます。お風呂場というスーパープライベートな空間で、自分と向き合うのは水で浄化されているせいなのか、私の場合は重くならずにスムーズに感情のリリースが出来ます。

この様に、ほんの少し自分の思考を意識的に眺めてみると、自分自身の思考の癖、それを見つけたら、意識的にどうしたいか決め、そして意識的に行動していくだけで、いつも当たり前にしていた無意識パターンから抜け出し、自分の新たな変化として受け入れることが出来ます。いつもの日常的無意識レベルでの動きの中を意識的にリリースの場や新たな好習慣にすることが、新しい思考パターンが組み込まれ、自分自身の変化や感情にも順応しやすくなります。

意識的にするということは、〝自分で決定を下している〟ということです。決定を下し意識的に様々な事をやって行くことで、責任が生まれます。行動だけではなく、思考についても責任が生まれます。意識的に考え、行動し、その結果こうなっている。その一連は自分が創り出しているという気付きは、自分自身の思考についても、責任を持って考えようと思わされます。

思考を感じて行くと、日々の頭の中のおしゃべりがいかに、無意識的に多くのことに反応して、自分の主観で見ているか、感じているか分かります。最初はそんな自分に自己否定の思いが浮かんで来ました。

『私はこんな事を考えていた』
『良くない思考だ』
『私は嫌な人間だ』

これも昔から習慣的にやっていた古い思考パターンです。またこのパターンを繰り返していたら、一向に成長しません。成長する為には、自分の古い思考パターンに気が付き、今までとは違う新しい思考になる必要があります。一歩引いて自分の思考を見つめる。自分をなるべく客観視してみる。自分の思いの外側に出てみる事がポイントです。意識的に思考に強弱をつけるトレーニングが、自分の心を落ち着かせ、どの選択が自分にとってのベストなのかが、スムーズに解ってくる様になります。

ジャッジメント

日常的自動的に毎瞬の様にしている。ジャッジメント、判断。『あの人はこうだからこうに違いない』『私はこうだからこうしなければならない』、過去のデータや自分の主観により、事あるごとに人を裁き、自分自身をも裁いています。ジャッジングは習慣的にしているので、当たり前の様に感じるかと思いますが、それを続けていると、自己判断が強くなり、物事を真っ直ぐ見る事や、他を認める事が難しくなり、偏った思考になりやすく、結果生きていくのをハードにしてしまうと感じます。以前の私も無意識的にジャッジメントをしていました。

それは後々、どうしてその様な事をしていたのか考えてみると、〝自分が正しい〟という思考の元にジャッジメントをし、物事を自分の都合のいい様に解釈して決定付けていたのだと分かりました。自分の〝色眼鏡〟で物事や人を見続けていると、自分の小さな世界観に収めておくだけに過ぎず、自分の観点以外の可能性を排除してしまっている。結果、自分自身の世界を小さくしてしまっていると気が付きました。

物事や人物、世の中の全てを、自分の〝色眼鏡〟を外して、〝ありのまま〟を素直に直視出来たのなら。どれだけ〝新しい世界〟を見る事が出来、そして広がって行くのだろう。ジャッジメントしないというシンプルな事だけで、可能性の扉がどんどん開いて行くのです。ジャッジメントは本当に小さな事から大きな事まで、ありとあらゆる事があります。判断、判別をしないでそのものの〝ありのまま〟を感じる。という事はシンプルですが、今までの植え込みや習慣や考え方が一気に大きく変動するので、時として、ハードな場合もあります。

〝悪い〟という事も判断。
〝良い〟という事も判断。

目の前の事柄をただ眺める。それが究極的にいう〝ジャッジメントしない〟という行動です。理解するのには実践して、トレーニングして行く必要があります。ただ傍観する。それを続けていくうちに、いかに自分が勝手な物の見方をしていたのかが、良く理解出来ます。自分の尺から見ているものには、たくさんの誤解もある。今までと違ったものの見方や解釈を受け入れていくと、気付きが気付きを呼び、他を裁くという事を考えなくなるのです。ジャッジメントを無くせば無くすほど、自分の心が軽く解放されていったのを覚えています。

子供を見ていれば一目瞭然です。ジャッジメントが無いものの見方をしているので、常に新鮮な感情を表に出しています。物事を関連付けずに、単発的に感じています。そこが

〝純粋さ〟や〝素直さ〟なのです。また、子供からは自分もジャッジメントされていないので、どんな人でもありのままのリラックスした自分で向き合えます。

ジャッジメントのあるものの見方は無意識に『あの人はこういう人』『偉い人』など、人間の真の部分を感じるよりも前に表面上の〝決めつけ〟をして見ている事が多いです。自分がジャッジをしていると、人からもそうされていると無意識に感じている。そうすると、人からの評価や様々な表向きの評価が気になり、本質からズレが生じ矛盾が発生しやすくなるのです。

モデルとして充実しつつも、悩みを抱えていた時代

自分に戻る

自分の意見や思考と、他の意見や思考を意識的に分別する事は非常に大切なことです。日本人は文化的にも他の意見を尊重したり、〝汲み取る〟いわゆる忖度を小さい時から無意識にやっています。それは素晴らしい部分でもあり、私も日本人として誇れるところです。しかし、それをやり過ぎていると、自分自身の意見が二の次になり常に周りを優先させ、自分自身のやりたい事とはいつも違うというフラストレーションがどんどん蓄積されていくのを感じました。

小さい頃からモデル業をやっていた私は、周りの人が自分に求めることを常に察知して来ました。それは、〝求められている自分〟を表現し、仕事に活かすために必要な意識でした。習慣的に人の気持ちを汲み自分が行動する。それは自分にとって素晴らしく作用する場合もありましたが、同時に本来の自分を押し込める事にもなりました。結果それは、私という人間の殻を被った違う人間の意識で動いていた事にも気が付きました。

『自分はこうしたいけど、あの人はこうしたいはず』
『あの人がこう言ったからそうしよう』

他の意見を聞くのも素晴らしいことだと思います。自分には無かった感覚や新しい見方が出来る。とても新鮮で、感銘を受けます。それを自分の〝感覚〟に取り入れることも大切。ただ、言われるがままに何かをすることは、〝コピペ〟で、自分では無く〝それ〟を〝それらしく〟演じているだけなのです。もちろん、それで心地が良ければその人の幸せに繋がる選択なので、その人にとっての最善かと思います。しかし、私は〝本来の自分自身を生きる〟ということを意識的に決めたので、その〝真の己〟を生きていく上で、誰かの思考や感覚が強く自分の中に残っていることが、とても〝違和感〟に感じる様になりました。そこから、本来の自分を知り、その自分から離れて行ってしまうのを感じたときは〝自分に戻る〟というテーマの元、意識をしっかり持ち、心や頭の中の整理整頓をワーク等と共に実践する様になりました。

最初は人の意識が自分に入って来ているという発想すらありませんでした。それを理解して行く上で、先ずは、自分に注目し、自分と人の意見を別けるところから始めました。自分の意見と人の意見を細かく別けると、自分の意見がはっきりと浮き彫りになります。

自分の人生です。
全て自分の選択で決まっていくのです。

人の意見を入れて、人の意見で進むのも選択。最後に決めるのは自分自身です。

意識をハッキリ持っておくことによって、無意識的に〝流される〟のでは無く、自分の意思によって、〝流れに乗る〟ことも可能です。常に自分の意見と人の意見をはっきりと別け、人の意見も柔軟に聞き入れ、最終的に自分の意志で決定していくことにより、〝後悔〟も無くなります。なぜなら、自分が自分自身に〝責任〟を持って決定し、進んでいるからです。その決断が例え傍から見て〝失敗〟だったとしても、それはその人から見た視点での回答です。〝自分の正解は自分しか分からない〟ものです。私は、自分自身に責任を持って、決定したことは後に自分への成功への鍵となった経験があります。少しの意識の変化が一つの物事の見方を変える。目の前で起きたことに甲乙つけずに、常に自分の心に耳を傾けるのです。以前の私は失敗を恐れて、自分の意見や意志から離れ、他に意見を求めそれを尊重しすぎ、自分をおざなりにしてしまうことがありました。『あの人が言ってたから』『あの人の太鼓判を貰った』そこに〝安心感〟を感じていました。その安心感は長期的なものではありません。他人の意見で人生を形成していく癖が出来ると、自分の気持ちがどこに在るのか分からなくなり、自分以外の意見を求め続けてしまいます。〝自分をもっと信じる〟思考を増やしていくと、他人の意見に左右されなくなって来ます。

『自分はこうしたい』
『私はこう生きたい』
『こんな自分がいたんだ！』

発見と共に積極的に自分の人生に参加する意欲が湧いて来ます。

皆さんも無意識に人生でたくさん自分よりも他を優先して来たと思います。それが出来る人は、周囲を大切にしていくことが出来ると思います。今まで周囲に向けていた意識を、少しずつでもご自分に戻してあげて下さい。ほんの少しの意識で自分の中の〝新しい気持ち〟に気が付きます。あまりにも、日常的に無意識の中で、〝人に求められる自分〟を創ってきて、〝自分自身で在る〟ということに最初は慣れないかもしれません。『自然体な人』『リラックスしている人』私にはとても魅力的に写ります。その〝無防備〟さが最大の強さになっているのだと感じます。ありのままの自分を受け入れて、〝知っている〟人は最強なのです。

第4章

実践クリアリング1

私は自分が心地よく居られるために、様々な浄化法を試し、自分に合った物を見つけて来ました。それは、その時の自分の状態や季節によっても異なる場合があるので、自分に合った物を、丁寧に探って下さい。ここでは私が実際に試して、効果があったものをご紹介いたします。

浄化と言っても様々な浄化があります。

オーラやエネルギーの浄化

◉ストーン

祖母や母からジュエリーを受け継いだり、父の実家からネイティヴアメリカンの作った私の誕生石でもあるターコイズのジュエリーを貰ったり、幼少期から天然石に触れる機会が多く、日常的に自分の身に付けたり部屋に飾っていました。石には一つ一つ表情があり、歴史があります。

大人になるにつれ、パワーストーンにも興味が湧き、いくつかブレスレットを作ったりもしましたが、私はブレスレットにしてストーンを感じるよりも、原石の方が心地良く感じるので、原石を選んでお部屋に置くようになりました。綺麗に磨かれた石も美しいですが、発掘そのままの原石には自然のパワーと生命力と意思を感じ、魅了されます。

ストーンの面白いところは、選んだ時とまた時間が経ってからの状態で自分の感じ方や表情が変化するところ。選んだ時はあれほど癒されたのに、今では全く響かない物や、しばらく眠っていたのに思い出してそのストーンを出して見ると、今の自分の心がスっと軽くなったり、自分の心の変化にも気が付けるのです。

ジュエリーも今の自分が心地良く感じる物を身に付けるようにしています。お部屋に置くストーンはお部屋の空気感によって分けています。寝室でしたら自分がリラックス出来るストーンを、玄関だったらパワフルに感じるストーンを、メディテーション時はクリアに感じる物を選びます。ストーンについての様々な効能や特徴の書かれている本を見て参考にした事もありましたが、結局はどのストーンを使い分けていくか自分の感性に従って決めていくのが大切かと思います。最初は自分の感覚が分かりづらくても、その感覚を使って行くうちに自分らしいしっくりくるストーン選びと、使い方が出来る様になってくるはずです。ストーンは空間や水、人の浄化にも使われますが、私は感性を刺激され、感性を鍛えるツールの一つとしても捉えています。

音での浄化

　耳からも様々な情報が入って来ています。自分にとって、心地よい音とそうでない音があるかと思います。私は様々な音から自分のハートがその時に、必要な音を選んで使い分けています。心や脳を静かに落ち着けたい時や、眠りにつきたい時はクラシックなどのアルファー波が出やすい音を選びます。朝から元気に活動したい時はアップテンポの曲。メディテーションやストレッチヨガなどの身体も心も両方整えたい時は、ティンシャやメディテーションミュージック。過去の自分と向き合いクリアリングしたい時は思い出の曲。マイナスの感情の浮上と共にクリアリング、浄化したい時は、エモーショナルな感情に浸りやすい曲。

　この様に様々な種類の音や音楽を自分流に使いこなしてくると気持ちが塞いでいたり、重くなったりしても意外と簡単に切り替えられる様になります。

心の浄化

◉クリアリング

私は感情の波や特定の想いが浮上して来た時は、直ぐに自分と向き合います。今、自分がどの様な心的状況に置かれていて、この先どうしていきたいのか。自分の感情を紐解いていき、改善の方向に進めていきます。以前の私は負のエナジーを感じてしまった場合、あえて蓋をして感じないようにしていました。一時的な場合、それは有効かと思います。

しかし、それが習慣化されているといつの間のか、我慢や自分の心に素直に生きていない部分が押し込まれて溜まって来ます。気が付いたときは、爆発寸前か爆発したとき。私は、我慢が溜まって大爆発し自分や周りにもダメージが大きくなる前に、ちょこちょこリリースしています。我慢、溜め込み体質だった私は、最初リリースするのは大変な作業でした。抑えるのに慣れすぎていて、出し方が分かりませんでした。抑える方が楽なので、無意識にそうしているのです。蓄積されていくときは様々な想いも乗って蓄積されているので、小さな原因でも大きくなっています。少しずつリリースする習慣をつけると、平和では無い思いや感情が来たときに直ぐに気が付きます。それを私はなるべく早くリリースする様に心掛けています。

例えば、何だかモヤモヤしているとします。以前の私でしたら、『直ぐに直るから気にしないで放っておこう』と思っていました。一見些細な感情でも、自分の深いところからの〝サイン〟だったりもするのです。今の私はその〝サイン〟が来たら、向上のチャンスだと思って、逃さないようにします。先ず『私はどうしてモヤモヤしているのだろう』と自分に問いかけます。やり残したことがある？　寝不足？　何か心配事？　など、思いつく原因を自分に聞きます。直ぐに〝ピン〟ときて、解決する場合もありますが、どんなに問いかけしても、なかなか腑に落ちないこともあります。直ぐに解決しなくても、自分に問いかけて自分に目を向けていることが大切なのです。

根深いところのサインの場合は深くさかのぼり解決することが必要な場合もあります。答えを見つけるとスッと心が軽くなる感覚や、気が付くこともあります。原因を見つけたら、次にどうしたいか更に自分に問いかけます。この状況からどうしていきたいのか。簡単な問題でしたら心が軽く感じた時点で、ほぼ解決しているのです。もっと深い探求や解決が必要な場合は、自分の深い部分と向き合いどうしていきたいかじっくり感じて下さい。

時に深すぎるテーマが来た場合、どんどん深みにハマり重くなって行ってしまう場合があります。そんな時私は、気分を変えてリフレッシュして一度その事柄から離れます。俯瞰で感じてみたり、様々な見方をトライしてみるのです。そうする事によって、より自分にとって軽やかで偏りの少ない答えが出やすくなります。息が詰まりかけても、必ず自分の幸せのためのベストな答えが導けるように意識して下さい。誰のためでもなく、自分の人生が心から幸せであるための選択が出来るように。曇りの無い心でいつも真っ直ぐに人生を感じて居たい。そのためにもクリアリングは大切な作業です。

◉会話

私は会話（コミュニケーション）をとても大切にしています。表面上の事より、よく話してみるとより深く相手を知る事が出来ます。また、相手と自分を重ねることにより相手を通じて自分を知る事にも繋がります。

何か嫌な事や悩みがある時は、心許せる人に自分の話を聞いてもらう事で凝り固まった自分の心が解きほぐされていくのを感じます。更に、自分には無かった発想や意見によって新しい物事の見方が可能になります。以前の私は人見知りで人と会うと緊張し、人と深い会話になるのが好きではありませんでした。特定の自分が許した人とだけ、深い会話やありのままの自分を出していました。この様に自分に制限をかけていた時はいつも、会話の内容に困ってしまうのです。本当の自分を見せたくないので、ありきたりの会話しか出来ない。そうなると、その場が退屈で、人と会うのも負担になっていました。

自分自身と向き合う機会が増え、ありのままの自分でいることの自然さに気が付いてからは自分自身への探求も深まると同時に様々な事への好奇心が戻って来ました。そうしていくうちに、会話という物や人と会うという事への違和感が楽しさへと変化していきました。会話から人を知り自分を知る事が出来、自分の感情のリリースにもとても役立っているという気付きもありました。自分の意見と人の意見をきちんと分けて考える事が出来さえすれば、様々な意見はとても興味深いものとなります。

自分の思いを正直に話す事によって、心もオープンになっていき、人に合わせすぎずに自分の本音を自然に話す習慣が出来てきて、〝自分らしさ〟にも気が付く様になって来ます。〝溜め込まない自分作り〟のために会話から自分を探求リリースし、言葉というツールで自己表現を存分に楽しんでいって欲しいです。

◉書き出し

自分の心が分からなくなっている時、不安や恐怖、怒りネガティブな感情のリリース時にノートへの書き出しをします。とにかく今感じられる全ての感情や事柄を書いていきます。人への思い、自分への思い、世の中への思いなど何でも構いません。どんどん書いていきます。

書き終わったらそのノートを眺めます。これだけの想いが自分の中で蓄積していたのです。小さな不満から深い想いまで様々あるでしょうが、全てのマイナスな感情をこれだけ自分が抱えて頑張って毎日を過ごしてきた事を〝認めて〟自分自身をハグしてあげる気持ちで、労ってあげます。

これだけの心の叫びを無視していた事にも気が付きます。

先ずはいっぱい溜めて我慢していた自分に『よく頑張ったね』『ありがとう』と言葉をかけてあげます。私は小さな頃からマイナスな感情は表に出してはいけないと思い、ずっと出せずにいました。本音とたてまえの文化を感覚的に植え付けられていたので、それ自体をリリースするのにとても時間がかかりました。

小さい頃から文句は口にせず、ノートに書いていました。その頃は無意識的にそれをやっていましたが、大人になった今はそれを意識的にやり、更に自分の心的状態を知り向上に向けるために活用しています。

書いて、認めて、労う。次は一つ一つの感情と向き合って行きます。それが辛く感じる方は自分を褒めてあげるところまででもいいと思います。自分の心の状態を良く感じてあげて、次のステップに進むかどうか決めて下さい。自分の心と向き合うのは自分が心身共に健康な時にやるのがベターかとは思いますが、強い意志と共に向き合い改善して行くという想いがある時は明るい光を感じながら、進むのも良いかと思います。一つ一つの感情を見ていきその感情から何を感じその先どうしていきたいかを感じていきます。その感情はまだ持っていたい感情なのか自分に問いかけをします。どうしても持っていたいのか、自分への問いかけを更に深めていきます。

簡単に解決するものもありますが、頑固者の感情も出て来ます。こうして行く事で、一つ一つの感情にも意思が存在する事に気が付いてくるかと思います。

自分の感情でありながら、自分が知らなかった一面が垣間見えます。

簡単に解決出来たものはその感情を今まで持っていた自分を更に労い感謝してリリースします。

一度にやらず、根深い探求が必要な感情や出来事は一つに絞って自分への問いかけを深めてもいいかと思います。その時のポイントは頭で考えようとせずに、心を感じて下さい。無意識に思考は過去のデータや一般常識で処理しようとすると、真の心の解決は心が何を求めているか、どの様に動くか分かりません。集中が解決の鍵となっていると言えます。

深く自分と対峙し、微かな心の声に耳を澄ます。今まで無視し続けた自分の思いを聴いてあげる。ノートから自分自身の訴えがやっと自分に届く。『やっと気が付いてくれた』と言わんばかりに感情が涙となって溢れ出る事もあります。

〝書く〟という一つの行動で今まで気が付かなかった自分や感情を発見出来ます。全てを知り、受け入れ、認める。今までマイナスな感情を押し込めて、自分を守って来ました。

もう守る必要はありません。誰しもがマイナスな感情は持っているものです。それが自然です。持っていない方が実は不自然なのです。自分がダメだと自分自身をも裁いていた事によって、自分を押し込めていた事に気が付き、認められれば、心が軽くなるのを感じられます。

もう、無理しなくてもいい。ありのままの自分でいいんだ。書くというリリースの中で、自分のネガティブな感情を俯瞰で見て解決し、向き合って行く事で、自分自身を知りありのままの自分を許し、それによって〝自分らしさ〟というものへの理解が深まって行くのだと私は感じます。

マイナスな感情を見つめてみる事と同様、プラスの感情を見つめるにも書き出しは有効です。

過去の自分が受けた良い影響、今の自分のワクワク、これからやっていきたい事など、心弾む様な事を制限無く記していきます。そうする事によって、自分の好きな事や、これからどうしていきたいか明確になって来ます。やりたい事リストを作ったり、感謝する人や事柄を記したりもします。自分の心的状況が穏やかな時でも良いですが、心が塞いでいる時にこのプラスの面のノートを見返したり、新たに書き込んだりすると情熱や感謝を思い出し、マイナスな時期でも人生のモチベーションが向上するのを感じやすくなります。

自分の前向きな思考を目で見る事が出来るとイメージングしやすいので、思い出の場所の写真や好きな事や物の写真を貼って、ヴィジョンボードを作るのも有効です。

部屋や持ち物の浄化

◉断捨離

掃除の後の爽快感、これは誰もが経験した事があるかと思います。大げさかもしれませんが、物には〝想い〟が宿ります。思い出の品などを思い浮かべてもらえればイメージしやすいかと思います。一回着たTシャツが新品とは違う様に、大なり小なり全ての物にはそういった感覚を感じます。掃除をする事で清潔さを保ち場所や空間の浄化にも良いかと思います。私は掃除よりも断捨離の方が自分の心の中からスッキリ浄化された気持ちになります。それはそれぞれの物に宿った私自身の思い入れや、執着を手放す事によって浄化されたと感じるのです。

小さい頃から好きな物はたくさん持っていたい気質でした。お人形やビーズ、文具、大人になってからは靴、衣類、バック、コスメ。。仕事上もありましたが、とてつもない分量でした。本格的な断捨離を始めたのは近藤麻理恵さんの〝こんまり法〟に出会ってからでした。こんまりメソッドには一つ一つの物に〝感謝〟してから手放すと記されています。

それは感情のリリース法と同じでした。膨大な量の洋服と対峙し、一つ一つ手に取り、感謝して手放していきます。そうしていくうちに、いかに自分が物質に固執していたか気が付かされました。一つ一つ手放していくうちに心が軽くなっていきます。物への思い入れや執着も同時に手放していきます。

断捨離後は、ときめく物だけに囲まれて生きていけます。好きな物に囲まれて生活するとはこんなにも心地良いものなのか。反面、今までこれだけの不要な物と共存していた事にも気が付かされます。好きな物に囲まれている生活をしていると、次どの様な物を購入して家に入れるかも考えさせてくれます。無意識的なネットショッピングは明らかに減ります（笑）。購買意欲よりも、本当に好きなものかどうかの問いかけを自分にする様になります。無駄な買い物や物質への執着が無くなり、どういう生活がしていきたいか、何を自分が持っていたいか。明確になって来ます。

物を手放すという行動から自分の心理を知り、自分の人生に本当に必要な物だけで居られる様にシンプルに生きて行く事が出来たら、物事もシンプルに受け止められる様になるのだと感じました。

肉体の浄化

◉トレーニング

本格的にトレーニングを始めたのは20歳頃でした。水着での広告撮影が決まり、健康的な身体でそのビジュアルを務めたかったという想いからハードにトレーニングをしました。4歳から水泳を始めて、13歳までは毎日ハードなトレーニングをしていたので、運動強度の高いトレーニングが私には合っていました。

始めたのは有酸素とウェイトを組み合わせるトレーニング。当時まだ今の様なトレーニングブームが来ておらず情報も少なく、我流の方法でトレーニングをしていました。その後もしばらくは知識のないままトレーニングをしていたので、身体全体に綺麗な筋肉を付けるのが難しく、見た目のバランスが取りずらい身体になっていってしまいました。そのため、26歳頃から、ヨガやピラティス、加圧、パーソナルトレーニングを取り入れ、新しい体作りの様々なアプローチを入れていきました。その後更に運動強度の高いキックボクシング、クロスフィット、バランスを整えるシルクサスペンションを取り入れ、自分の身体に必要なトレーニングを組み合わせています。

私にとって運動は自分の肉体を知るためのツールでもありますが、運動する事によって、成長ホルモンが分泌され、アンチエイジングにも役立っています。また、深く呼吸をするヨガやピラティスは自律神経が整い産後のホルモンのジェットコースター時にも落ち着きを取り戻してくれたりと、肉体を鍛え美しく保つだけで無く、精神のバランスもとってくれる素晴らしいものです。身体を動かす事によって心の状態もサーチでき、動きを通して感情面のリリースや切り替えに非常に役立っています。停滞していたエネルギーが上手く切り替えられる事が多いので、身体が動かない時ほど、ジムに向かいます。たとえジムに行くタイミングが無かったとしても深呼吸し、伸びてみるだけでも心の解放を実感出来るかと思います。ただ一番大切なのは、それぞれのレベルに合った運動を見つけ、無理なく自身の生活に取り入れられるものを選択することです。

◉マッサージ・汗をかく

トレーニングへのモチベーションも低く動きづらいとき、身も心もスッキリさせるのに一番簡単な方法が汗からのデトックスです。お家で入浴するときは30分から1時間半。好きな香りや効能の入浴剤と共にゆっくりとリラックス。メンタルのリリースも一緒にする場合もあります。自分の心の状態をよく観察し、癒されたい箇所はあるか、我慢している事はあるかなどサーチしていきます。身体も同様細かくチェック。疲労している箇所や無理をしているところがあるかどうか、心と身体の声をよく聞きます。臓器も同様疲れているところが無いか、繊細に感じてみます。お風呂は完全なプライベート空間ですので、心や身体の声を聞くのにとても良い場だと思います。入浴はどんなに忙しい時でもいつもの生活にプラスしてあげるだけで、心身共にリラックスして浄化されるのでお勧めです。

自分でのマッサージも自分の身体とコミュニケーション出来る大切な時間になります。マッサージの効果でむくみの解消や血行促進はもちろん、私は普段頑張ってくれている身体への感謝の時間。マッサージしながら、一つ一つのパーツに『ありがとう』を言っていきます。私達は身体が元気に頑張ってくれているから、毎日を心地良くおくれています。その気持ちを思い出し、感謝と共に労い、癒され、次なる活力が生まれると私は感じます。

◉ヨガ

ヨガを始めたのは25歳くらいの頃でしたが、思いっきり身体を動かすトレーニングが好きだったので、その頃の私には何かシックリ来ず、自分に合っていないと思い込んでいました。また、その時はヨガの精神性も全く理解していませんでした。

自分と向き合う事が多くなって来た20代後半から30代頭。ヨガへの概念が変化していき、出産後のリカバリーに本格的にヨガを取り入れる様になりました。産後のホルモンの乱れで不安定になる精神状態もヨガが心と身体を整える助けとなってくれました。身体のより深いところと自分自身が向き合うことが出来、心と身体が繋がり〝自分〟を感じる事ができます。

深い呼吸と共に体を動かしていくことによって自律神経も整い、身体を動かしながらメディテーション をしている様な感覚になります。心と体が切り離されている時の違和感、心と体がコネクトしている時の滑らかさ、自分自身が今どういう状態に在るか、とても分かりやすく教えてくれます。ヨガも私にとって自分と向き合い体と心を繋いでくれる大切なツールです。

また、ヨガを通して、自分と全ての関わり合いに感謝の念も湧いてくる感覚が好きです。

内臓の浄化

◉クリーンフード・レバーフレッシュ・腸内クレンズ

私は食べる事が大好きです。みんなで楽しく集い、美味しい物を頂きながら会話する時間も宝物です。しかし、美味しいものやアルコールを毎日続けていると、身体が重くなりメンタルも下がるのを感じます。栄養過多な状態が続くと内臓がフル稼働し、内臓疲労が蓄積されていきます。内臓が疲れてくると、正常にホルモンも分泌されなくなって来るので、メンタルも下降気味に。身体の重さで疲れやすくもなります。

その場合食事を見直し、浄化作用や抗酸化作用の強い野菜や果物中心の生活に切り替えます。ミントティーやルイボスティーやベリー系のお茶、チャーコールを摂り身体に蓄積したケミカルな物質や老廃物を体外に出す努力をします。マインドはクリアで集中力が増し、身体は軽くボディーラインも美しくなり、心も穏やかになります。食事の短期的な幸福を得た後の身体の重さや、心の重さを放っておかずに正しくケアすることによって、身体にとっても心にとっても長期的な幸せとなります。肝臓は脂肪や糖、たんぱく質などの変化、貯蔵、解毒などに関わるとても大切な臓器。また腸から脳へホルモン分泌に関わる信号が発されています。腸内環境を整えておく事も重要です。そのため、ファスティングや固形物を摂取しない方法での内臓のお休み、浄化を用いる場合と、年に数回天然成分から出来たサプリメントを使い、肝臓のクレンズと腸内のクレンズ、寄生虫除去（パラサイトクレンズ）を実施します。

美容の浄化

●トリートメント

身体のむくみや筋肉痛関節の違和感や感覚的に疲れている時など、自分の身体が癒しを求めている時、更に整えパワーを増したい時など、整体やマッサージに行きます。

その中でも、今自分にはどの様なアプローチが必要か、身体と心の声を聞いてその時の自分にベストな先生や施術法を選択します。例えば身体の左右差を感じている時は整体へ、顔の歪みが出ている時は身体だけでなく頭蓋骨へのアプローチを得意とする先生の元へ行きます。身体全体のむくみを感じる時はリンパ系のマッサージへ、心的疲労身体を感じたら癒しを感じられる空間やトリートメントを、自分の状態が整っていて、更に自分自身の気力を向上させたい時は感覚の合う先生の元へ行きます。

信頼のおける先生たちは自分の身体を客観的な視点で今の状態や以前の状態を教えて下さいます。その様な貴重な場は私にとっては癒しの場でもあり自分の身体をサーチ出来るクリニックの様な感覚の場でもあります。

〝手当てする〟という言葉がありますが、正に人の手から私は治療されていると感じられるこの時間が自分の身体や心の声を聴き、自分の身体を大切にしてあげられる自分にとっての至福時間となっています。

●ファスティング

ファスティングは医学的にも細胞の活性化、腸内環境改善、免疫活性などが証明済です。私の場合は固形物を摂らずに、ビタミン、ミネラル、アミノ酸、糖質は摂取し、飲料のみで過ごします。1日から7日の間でファスティングを定期的にします。身体のむくみも取れ食欲にも波が無くなり、感覚も敏感になります。身体にとって今何を欲しているかが分かってきます。その時の体調によって身体と心の状態を見てジュースや酵素ドリンク、スープやハーブティーなどを組み合わせてやります。

●レモン

小さい頃から、母はレモネードを作ってくれていました。風邪をひいたときはレモンは2倍！

すぐに風邪が治っていたイメージもあり、大人になっても私は良くレモネードを飲みます。レモンにシナモンと生姜のすりおろしを入れて、ソーダ水で割るのが好きです。マヌカハニーやリンゴ酢と割っても美味しく飲めます。外食時もお水にカットレモンを絞って頂く事で、気軽にレモンを身体に取り入れる事が出来ます。

空間浄化

自分の空間を自分で心地よくする事は可能です。空気の入れ替えもそのうちの一つですが、その他のアイテムを使って自分らしい空間創りをします。

◉塩

日本人はお塩での浄化には馴染みがあるかと思います。盛り塩や土俵入り、葬儀の後にもお塩が用いられます。私は盛り塩や塩の入った水スプレーで空間の浄化をします。

◉セージ

セージも古くから神聖な植物として、ネイティブアメリカンの儀式などに用いられていました。火で焚き、その煙で空間やあらゆる物の浄化に使用します。

◉パロサント

アマゾンのシャーマンなどが古くから儀式や浄化に使っていた物です。木を焚き、その煙で空間や所持品のマイナスエネルギーを浄化します。

◉キャンドル

静かに灯されるキャンドルの炎は心を落ち着かせる作用があります。メディテーション、入浴、ストレッチなど、深くリラックスしたいときに用います。アロマキャンドルの場合は好きな香りをフィーリングに合わせて選びます。マッサージキャンドルで自分の身体とコンタクトを取るのも好きです。

◉ディフューザー

ずっと香りが続くので部屋のベーシックな香りとなります。その部屋がどういう空間で在りたいかを考え、その部屋のテーマに合った香りを選びます。強い香りでその他の情報が取り入れづらくなるより、優しい香りに包まれながらも他の香りからの情報を感じていられる様な香り選びにしています。

◉スプレー

持ち歩く事も出来、メイクの前の気分転換やスタジオなど瞬間的に空間を自分の好きな香りに出来るので、とても便利です。

◉アロマ

精油の効能が高いので、風邪や、ダイエット、リラックスなど用途に合わせて使用します。

メイクアップ

私の母、祖母はいつも綺麗にメイクをして女性らしさを大切にしていました。幼少期からその様な環境で育った私は、物心付いたときからメイクが大好きでよく母のメイク道具で遊んでいました。モデル業を10歳から始め様々なメイクやヘアをしてくれる環境で、自分の見せ方やどういう物が自分に合っているか感覚が磨かれて行きました。

純粋にメイクするという行為も好きですがメイクアップの何が好きかと言うと、様々な自分を発見、表現出来るからです。ナチュラル、キュート、クール、ヌーディー……メイクで様々な自分を表現出来ます。メイクをしている最中は、全部の意識が自分自身に向いていています。この様に自分に目を向けてあげる時間がとても大切だと思います。どんなに忙しくても、チークで血色をプラスしてあげてり、会議の前にリップを潤す事も必要です。ほんの少しの意識を自分に向けてあげる事が自分自身を癒すセラピーになると感じます。

モチベーションの上がらない日々が続いたとき、どんなに頑張っても気力が出なく、前に進んでいない感じがしていました。鏡を見るのも嫌、ボサボサの髪の毛にノーメイク。自分を見たくないので、バスルームは通過。そのまま日常を続けても、なんだかシャキッとしません。こんな状況に置かれた私は毎日欠かさずメイクをし、女性らしさを忘れなかった母と祖母を思い出しました。やる気の無い時期だからこそ自分に目を向け、それを自己否定に費やすのでは無く、自分を磨く時間にしてあげようと考えました。『今日はどんな女性像でメイクしてみようかな』いつもとは違う自分を表現してみるのもお勧めです。

女性は様々な顔を持っています。メイクではそれが簡単に表現出来るのです。メイクに気が乗らない場合はスキンケアをたっぷりして下さい。ゆっくりお風呂に浸かり、リラックスし、その後パックやマッサージでお手入れをしてあげます。顔には表情筋があり、日頃からたくさん使っています。疲れているときは、無意識のうちに表情を使い分け、表情筋もかなり疲労しています。ホームケアでのセルフマッサージはそんな疲れた表情筋も優しくほぐしてくれます。ほぐれる事により、リンパの流れも良くなり、血流も活性化します。それによって、血色も良くなり、透明感や肌の張りが出ます。この様な相乗効果で、素肌自体の状態が良くなり、自分自身の自信にも繋がっていきます。

頑張り過ぎている自分に全く何もしない〝お休み〟もとても大切だと思います。しかし、〝何もしたくない〟が何日も続いていると、生活にメリハリが出ずに自分の心や身体のバランスが取りづらくなります。そんな時こそ、メイクアップやスキンケアを通して自分にフォーカスし、セルフケアで気持ちや生活の切り替えになるのです。

ダイエット

10代の頃に良く母から『食べないダイエットはダメよ』と言われていたのを今でも思い出します。しかし、以前の私は〝食べないダイエット〟をしていました。

先ずダイエットに関して全く知識が無く、ダイエット＝痩せるだという意味合いでしか捉えていなかった事に問題があったのだと思います。一番最初に身体の変化に気が付いたのが、18歳の頃でした。体重計に乗る習慣が無かったので、常に見た目で判断していましたが、デニムがキツく太股が張っているのを感じました。その頃はトレーニングもしていなかったので、食べる量を減らして見た目のバランスを取っていました。

本格的にトレーニングを導入したのは20歳頃でした。この時はかなりストイックに食事制限と運動をしていました。厳しい食事制限とトレーニングをしていたので、相当なストレスが自分にかかっていました。そのため、ＯＦＦの時には制限を外して食べる。というサイクルが出来上がり、ダイエットとリバウンドを繰り返していました。当時はリバウンドしているとすら気が付いていませんでした。

そんな我流ダイエットが26歳頃まで続き、リバウンドを繰り返していると、だんだんと痩せづらい身体になってきていると感じ始めました。こんなにトレーニングをして、食事も制限している。なのに身体が思った様にシェイプされていかない。なんとなく自分のやって来たダイエットが間違っている。自分の身体を通してそう気が付いて来ました。

そこからダイエットに関して知識を持っている方からや自分で勉強し始めたのです。その中で様々なダイエットを自分の身体で実験しました。血液型ダイエット、ケトジェニックダイエット、りんごダイエット、ダイエットスープ、グルテンフリー、ヴィーガン食、アルカリ食など。そして私があらゆるダイエット(健康維持)から導いた答えは、バランスを取る事でした。

様々なダイエット法や思想がある中で大切にしたのは、自分にとって心地のいい食べ物を入れる事はもちろん、食事は人と人との大切なコミュニケーションツールでもあると考えていたのです。なので、外食での楽しみ方と自分だけの食事の管理のバランスを取る。年末年始や旅行中などどうしても栄養過多になりやすい時期も、ある一定期間は内臓を休めてクリーンフードを心がけるのです。

ダイエット(健康維持)を始めるにあたり、自分自身の食べ物や食事に関しての思い込みについて向き合う事もお勧めします。

例えば1日3食は食べなければならない。私はこの思い込みでウェイトがかなり増えた事があります。また、ウェイトが増えているときは、食べたいホルモンが多く出ている時期でもあるので、食べるために理由を探しがちです。その時期に〝1日3食マスト〟は食べるのにベストな理由になって来ます。3食食べるのにも質が伴って来ます。ただ3食食すのでは無く、何をどのタイミングで身体に取り込むか、きちんと考えて食べれば健やかな身体は手に入ると思います。

これは一例でしたが、他にも食に対する思い込みを私自身見つけ、正しい知識と自分に合った物を経験から導き、食に対する根本的な思いを変えました。私の場合は楽しんだ後の身体や内臓のアフターケアをしっかりしてあげて、年に何回かの内臓のクリーニング期間を設ける事によって、食事を楽しむ事と自分の健康とのバランスを取っています。食事制限や運動は正しい知識が必要です。更に一人一人自分の身体に合った物を見付けていく必要があります。

女性の場合ホルモンバランスとダイエットは密接に絡んでいます。自分のリズムを知り、栄養を学び必要な栄養素を必要なタイミングで摂取し、トレーニングも効率良く行う必要があります。また、ダイエットと心の関係も非常に密接だと感じました。体型に波があると心にも波が生じると自分の経験を通して言えます。私の場合、自分をジャッジし好きな自分と嫌いな自分を作っていました。ウェイトが多い私は嫌いな私。スリムな私は好きな私。こんな感じで2パターンの自分を作っていたので、体型によって心にも波が生じるのは当然でした。

自分とは全く体型の違う人を目標に置いてトレーニングをする生活。自分と別人を常に比較して自分をジャッジし、憧れの体型に近づこうと必死な時期もありました。この様な自分に対するジャッジングも後にリリースしました。自分と他人を比較してもその人になれる訳ではありません。益々違いに気が付くだけです。なぜなら、自分とは別人なのでその人にはなれないからです。それよりも先ずは自分に注目してあげて、自分を受け入れる事がダイエットにもとても大切なのです。

20代とは違うフォルムにはなったけど、この身体は沢山頑張って来てくれたんだ。お尻は20代よりアップしてるからトレーニングを頑張ってる自分を褒めてあげよう。など自分の身体のパーツ一つ一つに今までの感謝と労いをかけてあげます。内臓にも感謝します。今まで私の健康維持をしてくれてありがとう。いつも頑張って消化、解毒、循環してくれてありがとう。これから健康に更に心がけて、自分の身体と心が喜ぶ食事が摂れる様に、健康な選択ができる様に自分自身に言い聞かせる事も大切です。そして、いつでもフレキシブルな自分で居られる事、ストイックに縛られすぎずに、順応性を持って健康維持を心がけ実践する事にしています。

人生をより良くするため、より楽しむためのダイエット(健康維持)。自分を厳しく取り締まる物では人生は楽しめるとは思えません。自分の中で自分に合ったリズムややり方を模索しながら発見していくのも楽しい作業です。

先ずは今現在の自分の魅力に気が付く事がダイエットの成功の鍵。長期的に心身共に整える状態を、作り出していくのがダイエットの真髄だと言えます。

本来の自分を取り戻し、家族とも分かり合えた

第5章

実践クリアリング2

メディテーション・瞑想

起きて直ぐにすることの一つ。

朝のクリーンなマインドでやるのが私は好きです。様々な思考が飛び交う午後よりも、落ち着いて自分と対峙出来ます。

メディテーション は1日を通して、いつでも出来ます。ふと、心を落ち着かせたいとき、一度頭の中を整理したいとき、単純にリラックスしたいとき、穏やかな感覚で就寝したいとき。様々なシュチュエーションで気軽にメディテーション を取り入れられます。

9年程前からメディテーションを取り入れましたが、ほぼ毎日のルーティーンになっているのはこの4年程です。始めたきっかけは、当時読んでいた本に度々メディテーションの話が出て来ていたり、会話で上がることがしばしばあり、意識する様になったのが始まりです。実際始めてみると、当初は頭の中のおしゃべりが止まらず、全く集中出来ずに座っているのも難しかったです。なので、最初は寝た状態でのメディテーションから始め徐々に座って集中出来る様になりました。

私のメディテーションの目的は、自分を見つめ、自分を深く知るためのツールです。当初の私は、余りに外的なことに囚われていた部分もあり、外へ散漫に向いている意識を自分に戻す必要がありました。なぜなら、本当にしたい事や、自分自身をも見失っていたからです。メディテーションは自分に意識を向ける練習でもありました。色々なメディテーションの本を読み勉強しましたが、気持ち良いと思う方法でやろうと思い、我流でやっています。

忙しい朝でも、1分でもいいので、心落ち着かせて座り、目を閉じ、ゆっくりとした呼吸を入れ、意識を自分に向けます。たとえ少しの時間であったとしても、自分に集中出来ます。メディテーションは医学的にも様々な効果が証明されています。海外や日本でもメディテーションを取り入れている企業があり、ストレスリリースや仕事効率化の役に立っています。

メディテーションを通じて、自分自身が芯から整っていくのを感じました。始めた当初の混乱気味のマインドからは今が想像できません。自分に目を向ける事が日常になって来ると、周りでどんなドラマが起っていようが、自分とは切り離し、ただ見つめることが出来ます。そこには主観から来る言動では無く、俯瞰から見た意見や対応が可能になります。自分に意識を向けていると、自分のマインドとハートが繋がる感覚を得ます。バラバラだった心と思考も一つになり、頭や心が整理されていきます。

そこから、自分の人生において自分が何を選択していけば良いのかが明確になっていき、人生をより爽快に歩んでいけるのだと感じました。毎日息を吸う様に、自分に意識を戻す習慣を皆様の一部にされる事をお勧め致します。

メディテーション、瞑想は様々な方法が有ります。私が実践しているいくつかの方法をご紹介致します。

●ベーシック

①背筋を伸ばしあぐらの姿勢で座り、優しく目を閉じ、心を落ち着かせます。
②基本鼻呼吸で何回か深く深呼吸をし、呼吸に集中します。
③鼻から吸った息が頭の中を通り、空に突き抜けて行くイメージをします。
④その空気が、吐く息と共に、頭、喉、お腹、お尻から、地中に降りて行くイメージをします。自分と空と地が呼吸によって繋がったイメージをします。
⑤それを幾度か繰り返していき、その呼吸を自分のみぞおち辺りに集中させます。すると自分のコアが暖かく感じられるはずです。コアに集中したまま呼吸を感じ、ただ時が流れていくのに身を任せてみましょう。

応用的編としては、呼吸を意識的に身体の隅々まで行き渡らせるイメージをします。頭のてっぺんから、額、後頭部、目、鼻、口、耳、喉、胴体全て、背中、腹部、右腕、左手、指先、お尻、右足、左足、つま先まで、身体全てに隅々まで呼吸を送り込みます。意識が身体の全体隅々にまで行き渡ります。そうすることによって、普段無意識に使っていた身体を意識的に使える様になり、より自分自身に対して慈しみの思いが増して来ます。

◉寝た姿勢

座って集中しずらいときや、疲労が強いときは、横たわった状態でメディテーションをします。

静かに横たわったら、身体の全てのパーツの力を抜く意識をしてみましょう。リラックスして横になり、自分自身が解放されて行くイメージをします。メディテーション時は幸せホルモンと共に脳内でアルファー波やシータ波が出やすくなるので、眠くなる場合があります。私はこの横たわってのメディテーション時に眠くなった場合はそのまま眠ります。

◉音

メディテーションにフォーカスするために、音に集中するという方法があります。メディテーションミュージックや、クリスタルチューナー、ティンシャの音にフォーカスして、心を落ち着かせ、思考から解放されて行きます。

◉香り

これも音と同じで、香りにフォーカスする方法です。アロマやお香、エアーフレッシュナーなど自分に合った香りを選び、思考から離れ香りに集中します。香りから感じる直感を大切にして、メディテーションに活かす事もあります。

◉キャンドル

これはキャンドルの炎を見つめて、炎にフォーカスしたメディテーションです。ベーシックでやった呼吸法を使い、温かな優しい炎と共にリラックスし、心身を解放して行きます。電子キャンドルでも構いません。

◉お寺で行なう座禅

お寺の清まった空気の中、皆と共に心を落ち着かせ、内なる自分に目を向けます。一人で集中しずらいときなど、人と共にやる事で集団意識の元集中しやすくなります。お寺の神聖な空気感を味わえるのもそこならではの特権です。

これらを組み合わせても良いですし、ご自身に合ったメディテーション法を見つけるといいかと思います。最初は頭の中のおしゃべりが止まらず、普段いかに思考によって自分が操られているか分かると思います。慣れて来ると、思考の選別や解放が出来る様になって来ます。パンパンだった思考から脳を解放して心にフォーカスしてあげる。最初は思わぬ感情や、様々な気付きが浮上してくると思います。それは自分自身にフォーカスする過程で出てくるごく自然なこと。楽しみながら、ご自身の変化を受け入れて行って欲しいと思います。クリアな心とマインドになったときに対面する、〝真の自分自身〟と共にこれからの進化を歩んでいける喜びを感じていただけたら嬉しく思います。

私にとってのスピリチュアル

私にとって、〝スピリチュアル〟な事は幼少期から今まで非常に身近で、重要視されて来ました。しかし、その感覚は自分の中で、変化し、進化し、今ここに〝自分だけのもの〟となって在ります。〝スピリチュアル〟と一言で言っても、神聖な事や、超自然な事、霊的な事柄、精神に関わる事など色々な解釈や見方が在るかと思います。

アメリカ国籍の父は厳格なカトリック教徒の家庭で育つという生い立ちも有り、私は物心ついたときから、教会に行きお祈りをするといった神聖な事が非常に身近な家庭で育ちました。産まれて間もなく〝洗礼〟も受け、マリアというミドルネームも授かりました。毎週日曜日は家族一緒に教会に行き、お祈りをしていました。教会ならではの行事、ボランティア活動をしたりボーイスカウトやガールスカウトの活動を通して、協力して、人のために何かをするといった事を、楽しみながら教えてくれたのを覚えています。

個々の個性を無理に束ねようとする学校にはいつも違和感を感じていましたが、この環境ではいつも自主的に協力し合い、結果、協調性が生まれるという目的と意識の元にお互いを尊重し合って自然に生まれる一体性が私にとってはリラックス出来る場でも有りました。

そこで、今でも大切にしている思い出が有ります。子供達のサマーキャンプ。その日の夜に一人一人が神父さんの元で懺悔をするといった事です。普通に言ったら必ず大人に怒られる様な事も、そこでは怒られません。〝完全に許される〟場なのです。私にも誰にも言っていない秘密がありました。それは言ったら絶対に怒られると信じていた事なので、絶対に誰にも言わないと、心に鍵をかけていました。懺悔の意味も解らないまま、神父さんと対面しました。『今日は何を話したいの？』とても優しく穏やかな声でした。〝この人は全てを受け入れてくれている〟瞬間的に感じたのです。それでもまだ、私の心には鍵がかかったまま。黙って、うつむいている私に神父さんは言います。『人の物をとってしまったの？』私の秘密の扉を開けた瞬間でした。涙と共にずっと抱えていた罪悪感を吐き出しました。凄まじい開放感と共に二度としないと強く誓いました。

友達から借りた物をずっと自分で持っていたのですが、自分の中では〝返していない自分〟を知っています。〝知らんぷりしている自分〟も分かっています。それを正当化するために〝忘れちゃった自分〟を作り上げます。この様に一つの小さな事柄が、幾つもの感情と共に膨らんで行きます。罪の意識があるので隠すのです。隠せば隠すほど、罪悪感も増していくのです。

真実は常に自分の中に在ります。

誰かに許しを得るのでは無い、自分に許しを得るのだと、この懺悔は自分に対しての懺悔。真に自分を救えるのは、自分自身しか居ない。この経験がベースとなり、後に自分自身を〝真で生きる〟事の大切さに気が付きました。

この経験は自分の子供と向き合う時にも非常に役立っています。つい、子供に上から指示を出してしまう時があります。私の心に余裕の無い時です。『あれしなさい』『なんでこうしたの?』。子供が楽しんでいたり想像力を働かせている時に〝現実〟という幕を降ろしてしまう瞬間です。はっと我に返り、あの時の神父さんを思い出します。自分が受け入れられているというあの温かで、優しい空気感。子供は大人よりもずっと感受性が強いです。言葉よりも先に空気を感じています。だからこそ、子供と接する時は空気感を大切にしています。先ず、理解している事を示す。共感という一体感の中で、自主性を高める様な方向に導いてあげる様にしています。

何か子供が〝してしまった〟事に対しても、〝暴いて〟正させるのではなく、一回自分の物の見方を手放し、子供の話を聞き理解した上で子供自身がどうしていきたいかを、自分で考えられる様にしていきます。そこは〝共に学べる〟親子の意見交換の場になります。

一方、日本人の母の元、伝統的な日本の行事も大切にしてきました。七五三やお宮参りなど、旅行先の神社やお寺も家族でよく行きました。この様に、宗派に囚われることの無い環境で、いつも自分の感じるがままに、自分にとって大事な物を大切に生きていました。

物心ついた時から、〝お祈り〟をしていました。寝る前には一日の感謝と自分の夢を。食事の前には食べ物と家族に感謝を。その様な環境は、見えないけれども、そこにパワーを感じていました。神秘的な何か、目に見えない物だからこその自分自身のファンタジーが創れます。

私達家族の間ではいつも目に見えない世界の話や、各々の感受性について話す事が普通でした。今振り返ると、そこには何の概念も存在しない、それぞれを尊重した自由な会話でした。

以前のスピリチュアルな一般的なイメージは、心霊やカルト的な事に注目が集まっていた様に感じます。日本では〝パワースポットブーム〟辺りから、一般的なスピリチャルに対しての意識が徐々に神聖性やポジティブに変化をし、その様な事が話しやすくなってきました。

スピリチュアルな事は身近に存在します。太古の昔から、神聖な儀式があり、今もそれは受け継がれています。冠婚葬祭は正にそうです。『いただきます』『ごちそうさま』も食べ物や、環境、自然に感謝しています。この様に当たり前に日々している事も、実は神聖な事なのです。

真に大切なものとは全ての自分を受け入れて、真の己を信じ抜くという決意。外へ探している時は近くにありすぎて全く気付かずにいましたが、内なる光が強く輝き、私はここにいると感じたとき、強く教えてくれたのです。
私にとってのお参り事や神聖性はただ願うだけの場では無く、

真の自分を再確認する場所
真の自分と繫がれること

より感謝の念が深まる大切な場となりました。〝他力〟だった私がありのままの自分を受け入れ、〝自力〟へと変化したのです。小さい頃から大切にして来たものは、紐解いてみると実は〝自分自身〟だったのだと気が付きました。

第6章

クリアリング主義

今を感じる

　ここまでで、無意識的な思考がいかに自分の人生を創って来たか、お分かりになって来たかと思います。無意識のうちに何かをしながら、『今日は何を食べようかな』『あの件はどうなったかな』などと考えてみたり、過去の出来事や未来に思いを馳せ、そういった時間が長くなればなるほど、〝今〟を感じていない事が多くなっています。

　何かに集中した時の〝充実感〟、スポーツの後の〝爽快感〟、旅に出た時の〝高揚感〟、映画や演劇で観た〝感動〟、全て、〝今〟を感じています。それは、肉体と精神と思考が一つになった瞬間に起こるのです。それを〝特別〟と思っている人は多いのではないでしょうか。私はそれを意識的に〝日常〟にする事は十分可能だと思っています。日常的に〝今〟を感じ生きる事によって、何か日常的でない素晴らしさを感じた時に、更に感性が研ぎ澄まされるのです。

　私は〝心ここにあらず〟の時代がありました。あえて、何も感じさせませんでした。悲しいも、嬉しいも、美味しいも、楽しいも。完全に感情や感性のスイッチをＯＦＦにしていました。状況的判断で、自分の過去のデータと照らし合わせ、今この状況は〝楽しいであろう状況〟↓だから笑っておこう。今この状況は〝シリアスな状況である〟↓だからシリアスな雰囲気を作っておこう。この様に、心主体の感情では無く、あえて思考主体の感覚でいたのを覚えています。

自分自身を常に思考というコンピューターで制御しておかなければ、自分の感情が露わになった時に傷ついてしまう。傷つくのを恐れるがあまり、常に冷静に、何が来ても〝感じない自分〟を作っておく事で、自分が守られると錯覚していました。それは信頼していた人からの〝裏切り〟によって、自分の身は自分で守らなければならないと、強く思い、意思を強く持って、自分を間違った方法で防御していたのです。

だからこそ分かります。その経験があったからこそ、私は言えます。心が感じないときの空虚さ、楽しいも悲しいも無い、感情の無い世界の冷たさ。その冷たさに自ら身を置いていたにも関わらず、その冷たさの中で凍えながら、常に温かな助けを待っている日々。

どんなに外側に助けを求めようとも、自分自身で解決の糸口を見つけていない限り、根本的解決はしていません。真の救いとは、自分の内に見いだすのだと思った私は、勇気を持って感受性のスイッチを再び〝ON〟にし、自らの人生を自らの責任を持って参加すると決意しました。


こうして、〝今〟この瞬間を味わい尽くす。

どんな状況や感情が来ようとも、〝受け入れる〟。という訓練を重ねていき、少しずつ自分の感受性を取り戻し、ささやかな幸せに気が付いたのです。そうすると、自分の変化と共に人生を心から楽しめる様になっていきました。

環境の変化で気付いたこと

入籍が2013年、妊娠が2014年、出産が2015年。

今振り返ると、この3年間は私の人生史上最も環境が変化し、様々な感情や出来事が一気にやって来た怒涛の3年間でした。毎日が新しく変化し、日々のアップデートと共に自分自身の変化や葛藤を身に染みて感じ、翻弄されていた様に思えます。そういったの中で、何が自分自身なのか、どう在りたいのか、どうしていきたいのかを益々明確にしていき、頭の中や心を整理していくという作業に入りました。

10代後半で両親の離婚を経験し、絶対的だった家族愛に飢えた私は〝絶対〟というものを非常に欲していた様に思います。当時の恋人にもそれは向けられていました。一度お付き合いしたら、必ずずっと一緒に居るものだという強い思い。家族愛を失ったと思った私は孤独や喪失感を感じやすく、常に恋人と居ることでその失った穴を埋めようとしていました。10代後半からの強い結婚願望。絶対的なものを自分の中に保持したいという、幸せの保証の様なものが欲しかったのです。ただ当時の私は、仕事と結婚を両立するのは難しいという思いもあり、お仕事に情熱を燃やしている間は〝結婚〟は現実的ではありませんでした。

本来の自分の中にある家庭的な感性。お仕事で出す野生的な感性。全く違う二つの思想や感性。このスイッチを自分に作ることでバランスを取って来た20代。うまくバランスを取って来たつもりでしたが、後にその両極な切り替え法は自分自身の中和や調和に苦しむことになって来るのです。調和下手だということにも気付かされました。20代後半から30代にかけて私の模範である兄が家族を作り、親友が結婚し、周囲の環境が変化していくことも目の当たりにすることで、仕事優先で結婚願望を押し殺してきたはずが、結婚を意識する様になって来ました。温かな気持ちで毎日を送りたい。ただそれだけのシンプルな気持ちでした。家庭を作ることで、失われた自分自身をもう一度取り戻そうとも思ったのです。彼と入籍し、今までに無い安堵感を得たのを覚えています。毎日気を張っていた自分が、一人でない感覚、連帯感。いつも孤独に闘っていた自分から、ようやく解放された思いでした。もう一人で苦しまなくていい、運命共同体として、共に感じ得る事が出来る。自分で家族を作れるという喜びに浸っていました。また妊娠をきっかけに、34歳で初めて一人の人間としての自分自身と向き合うことに。お仕事から離れ、自分との時間。最初は有り余る時間に戸惑いました。この状況を望んでいたのに、いざそうなってみると、どうしていいか分からない。深く考える間も無く日々が過ぎていった時代から、考え過ぎて頭がどうかなりそうな日々。人生はないものねだりの連続だと思いつつ、『この時間は私に与えられた大切な時間、最大限に活かそう』と妊娠期間の数ヶ月を使って、以前やっていた断片的な心の整理よりもっと細部に渡り深い心の整理整頓、点と点を繋げる作業を始めました。

心を整える

幼少期から遡って、細かく今の自分がどうやって形成されていったか、自分自身の思考やパターンなどをより深く知ることによって、今の自分を改善し、様々なことに適応させ、進化させていこう。それがきっと、子育てやこれからの人生にも役に立つはず。こうして数ヶ月をかけて、自分自身の心と思考の大掃除をしていきました。

その中でも妊娠期間中は様々なルールを自分に課していたことを認め、そこから解放することによって、リラックスした最高の妊娠期間を送ることが出来たのです。人生で初めて本気で自分と向き合う期間、私にとってそれは大変有意義なものとなりました。

以前読んだ『100パーセント自分原因説』という本の中に、〝今の現実を作っているのは今までの自分の思考が作り上げたもの〟という文章がありました。確かに、思考が言動を決めて行く訳で、それによって現実が決まっていきます。そうすると自分の思考のパターンや今までの経験から、今の自分自身が出来上がっていることになります。今の現実に納得がいかなかったり、より良くしていきたいと思うならば、過去の記憶を辿り、思考パターンをより深く理解し改善して行く事により、過去に囚われるのでは無く、これからの自分をシンプルに創っていこうと思いました。

以前セラピストと一緒にメールでやり取りをし、膨大な自分の過去と向き合う作業をしました。向き合うのがハードな時期もあり、停まっていた作業を再開。約2年かけてようやく自分の過去と向き合う一連の作業が終了しました。心の大掃除を終えた後はスッキリ爽快で、新しく瑞々しい思考を常に送り出し、心や思考、感情や思いが蓄積され、心が軽くなった時に初めて、クリアになる事がいかに大切なのか、実感出来ました。そのことで妊娠期間中は、極力自分のペースで物事を進ませることに成功したのです。

クリアな思考でいるためには、自分の心の整理と共にメディテーションにも真剣に取り組み、自分の〝今〟の心の状態を常に把握出来ていられる様にもしました。妊娠の幸せを常に噛み締めつつ、内面に磨きをかけるこの時期は、発見と有意義な毎日。人生で初めてのゆったりとした時間、今までの自分の整理整頓とこれからの子育ての計画。あっと言う間に9ヶ月が経過し幸せな妊娠期間から出産。そして初めての育児に突入します。

陣痛から20時間程かかり、出産時の負担から子供の心拍が弱かったため、大事を取り私との対面もままならず2時間程保育器で様子を見ると言う状況からのスタート。自分がイメージしていた出産とは全く違う現実。カンガルーケアをしたかった私は2時間も我が子と対面出来ず、自分の体力の消耗と共に不安の波が押し寄せて来たのを覚えています。2時間後、初めての対面。喜びと共に、子供を育てていくと言う現実に直面した瞬間でした。リラックス期間から突然の忙しい日々。入院期間中は子供の夜泣きにより、私は全く眠れません。自分の身体の変化にも直面します。出産後は、今まで見たことのない自分の体型の変化、これも辛い現実でした。突然押し寄せる様々な壁とホルモンの変化の影響で全てに対して過敏になった頃。1日にしてここまで変わってしまうの？　喜びの中に不安やプレッシャーがまた舞い戻って、心からの喜びに浸る時間などありませんでした。私は母乳の出も遅かったのです。

『母乳が沢山出ない私は、母親としてどうなのだろうか……』

過敏な神経の中、子供はお腹が空いて泣きます。母親としてそれを満たせてあげらてないことに心を痛めます。子供の泣いている声に過剰に反応し、〃すぐになんとかしなければならない〃という本能的な思いを常に感じていました。退院後も不眠、出産後の身体の痛みと共に初めてのことの連続で緊張状態。全てを完璧にこなそうとし、極限の精神状態だったのかもしれません。育児に休憩は無いと思い込み、全てを自分で背負いこんでいました。体型も戻さなくてはならない、母乳もちゃんと出したい。ストレスや葛藤は表に出さず全ての思いは自分で抱え込む中、トレーニングの時間やメンテナンスの時間を確保し、凄いタイムスケジュールで動いていました。喜びや幸せと共に疲労やプレッシャー、葛藤も同時に感じ、心身共にハードな毎日。しかし怒涛の3ヶ月が過ぎた頃、徐々に育児にも慣れ、ホルモンも落ち着き、自分自身の心境の変化を感じました。今まで見えなかったのか、見ない様にして来たのか、新たな現実と直面します。それは自分のイメージしていた

ことと、今の現実の差で起きる葛藤でした。私の人生のテーマであるかの様に付きまとう
〝家族〟というワード。そこについて更に向き合うのです。

出産直後。幸せの絶頂から現実と直面

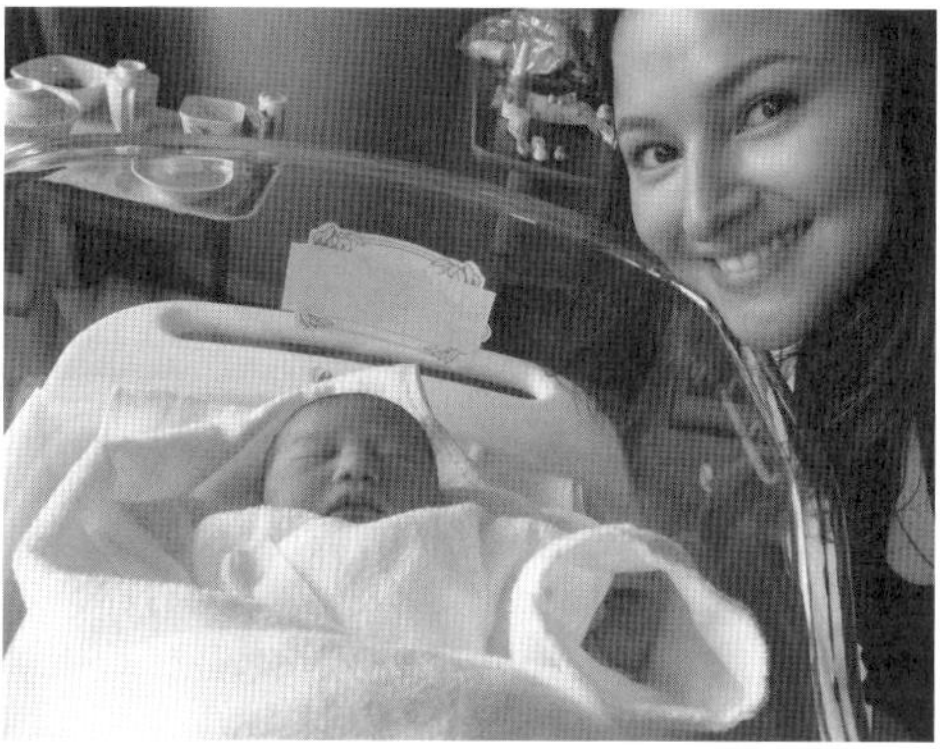

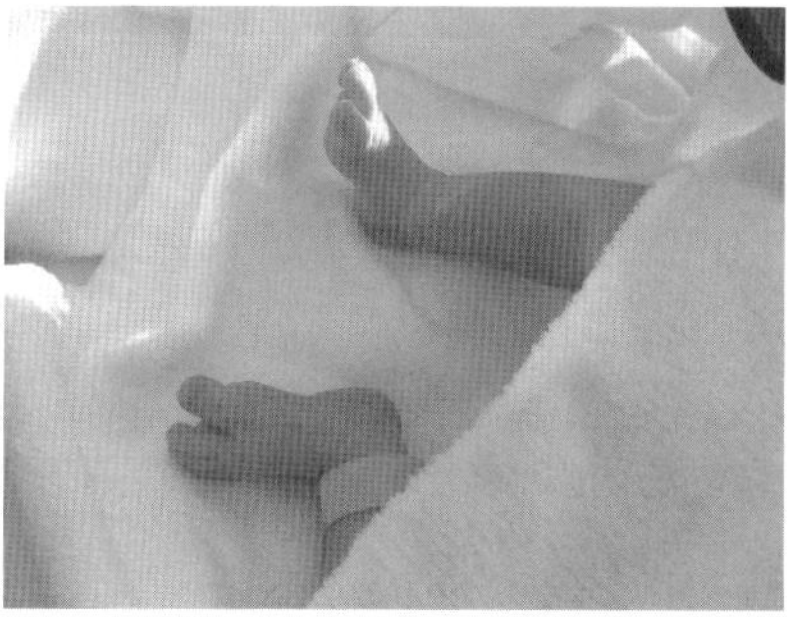

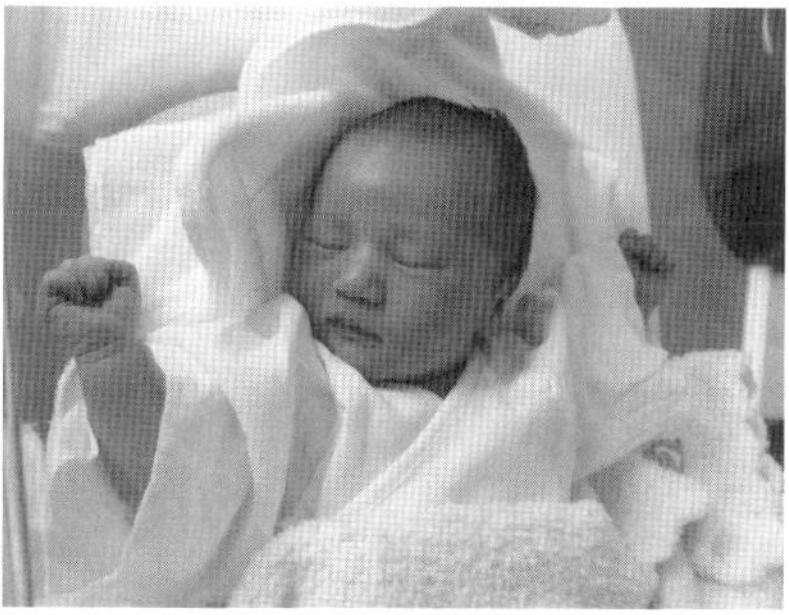

子育てで見えた家族像

私は元々、思い描いているイメージと現実の相違に苦悩する傾向がありました。余りにも自分の中で完璧なイメージをし、それが叶わなかった時に葛藤を生むのです。私の思い描く理想の家族とは、夫も家事や子育てに積極的に取り組む温かなものをイメージしていました。しかし、実際は違いました。察してやって欲しい私。全く気が付かない夫。ただある時思いました。自分で何でも完璧にこなそうと思うのは個人プレー。家族とは共に創り上げていく連携プレーなのだと、このままではいけないと気付き、その瞬間から、〝無理〟をするのをやめました。私も育児一年生、それはお互い同じです。分からないことだらけです。それを〝母親だからやらなければならない〟と思い込み、夫の入る間を与えていなければ、育児に参加しない夫を作り上げてしまうのです。察する文化の日本で育った私は、察して貰い夫にも積極的に育児に参加して欲しかったですが、それは無理な望みでした。でしたら、人を変えようとする前に自分が変わるべき。その日から、私も自分の時間を作り、その間は夫に子供を見てもらうことにしました。子供を守ろうとする本能なのか、誰かに子供を預けること自体が辛かったです。それでもあえて、そうすることが必要だと強く思いました。

私自身の時間を作ることで、自分自身の心や身体を整える事が出来る。夫が子育てに参加するスペースを作ることで、父と子供との信頼関係も築ける。私も夫に感謝が生まれ、自分のストレスマネジメントも出来、当時の私は全てが円滑に行く感覚を味わえました。

娘との時間は気付きと学びの連続

娘であり、友であり、
ソウルメイトでもある

自分を大切にする事は、人に幸せを分け与える事

現在の生活、そしてこれから

毎日が初めてだらけの育児、その中で子供はどんどん成長していき、その成長過程での変化に母親は日々対応しなければなりません。自分の精神状態や肉体的な疲労が続き頭の中で何度もショートを起こしていました。それでも子育ては続きます。1日が早く過ぎて欲しいと切に願った時もありました。可愛い我が子を目の前に、〝責任〟という重圧の中、毎日育児の悩みが尽きませんでした。

親の性なのか、子供の事になると頭を抱えます。正解がない育児。それぞれの育児法があって当然。最初は完璧主義な程にルーティーンを決めガチガチな育児をしていました。今思うと、それは完全親目線の育児で子供の日々の成長に合わせていない育児。ルーティーンを作ることで、良い面と良くない面の両方が見えてきた時、これは一度自分の育児を見直すべき時が来たと思いました。こんなにも可能性に満ち溢れた存在を目の前にして、私は枠にはめ込もうとし過ぎではいないか、と。私はこの時娘に対して〝良い親〟を頑張るのではなく、彼女の可能性やありのままの純粋な心を育む手伝いが出来たら、私は幸せだと考えました。

〝良い母親〟これに付いては一生答えが出ないかも知れませんが、私の中ではっきりと新たな芽が出た瞬間です。親子とはいえ、互いに成長していくもの。共に感じ共に学んでいくのだと。

その時、私の完璧主義な育児法は目の前から消え、子供と共に成長し歩んで行く共鳴的な育児に変換していきました。

私は自分の親から学んだ事を沢山子供に実施しています。例えば、離婚後の両親からは〝親〟というカテゴリーを超えた時に、初めて一人の人間として心の対話が生まれました。親であることは変わりありません。そこで一生懸命に〝親〟を頑張る前に、先ずは私自身一人の人間としての〝そのままの自分〟を表現し、子供に対しても一人の人間として扱う事を大切にしています。

自主性も大切にしています。自主的に何かをする。意識的に行動する事は自分が創り上げる世界なので非常に重要だと思います。親が何でもやってあげる事は簡単です。子供もそれに慣れていきます。それが日常的に続き、行き過ぎると〝誰かが自分のために何かをやってくれる。〟という思考パターンを作りかねません。私の場合は、子供の発育段階によって変えていますが、なるべく自分の事は自分でさせるようにしています。最初は待っている時間の方が長いです。やりとげるまで、ずっと待ちます。見ていてもどかしくなり、やってあげたい。やった方が早い、と思いますが子供の成長に付き合います。どうしても出来ないときは、少しだけ手を貸す程度で、一緒にゴール。自分の力でゴールした時は、きちんと頑張った事を認め喜びを伝えています。

人は認められる事で自信を身につける様に思います。そこに意思が生まれ、やらされているのでは無く、自分で考えて行動し、責任を持って完了する。そうする事で達成感や高揚感が生まれ、更なる自分のモチベーションに繋がっていくのでは無いかと、子供を通して感じる事が出来ます。たとえ出来なくても、〝出来る〟だけが素晴らしい訳では無い、出来なかったら、そこから学べる事がある。また次頭張ろう。ゴールの行き方は一つでは無い事を分かりやすく伝えています。なぜなら、子供は親を第一に喜ばせたいからです。親の期待を裏切りたく無いので、結果を気にしてしまうからです。

親から見て〝出来のいい子〟よりも、本人の力。〝自分力を私は育んで行ってあげたいと思っています。親からのプレッシャーを極力かけない。〝自分の感覚〟を大切にしてもらいたいので、出来た喜びを覚えさせ、出来なかった悲しみを見出す様な一喜一憂型では無く、悔しかった、悲しかった、辛かったその先にどの様な応用や変換が出来るのか、可能性を一緒に考える様にもしています。

また、子供の感性をとても大切にしようと考えています。なるべく五感を使わせ思考よりも感覚を感じそれを表現してもらう、それと共に私自身の感性も伝える事も大切にしています。私自身を通して分かった事は、幼少期からの親の言葉や大人の言葉が子供の柔軟な感性に刺さり、思考となって人格が形成されていくことです。いわゆる〝植え込み〟。一度形成された人格はなかなか変える事が難しいので、子供には極力強い〝植え込み〟はしない様に心掛けています。

また、自身を確立させるために、他人と自分をきちんと分けて考えられる様に話をします。

教育者と思っていても、主観的な考えを子供に押し付けるのを目の当たりにした事があります。そんな時でも、〝良い悪い〟では無く、先ずは人と自分の意見を分け、シンプルに考える癖をつける事で、状況に翻弄される事なく、様々な局面を建設的にクリアしていければ良いと思っています。自分と人を分けて考え、客観的に状況を見ると、互いに尊重し合える関係性を小さな頃から身につけて、自分も人も大切に出来る人間になって貰えたら嬉しいと思います。とは言え私もまだまだ未熟者です。子供が4歳、私も母親になって4年。母親と言っても、未だに母親というものが分かっていないまま、毎日気付きと学びの渦中に居ます。子供から学ぶ事の方が多く、どちらが親なのか分からない程です。

そこで初めて、等身大の自分を労う事が出来た気がします。子供を見守る私、それと同様に私の事を常に見守っていてくれている母。それを心から感じたメールが先日母から届いたので、ここでシェアさせて下さい。

―母からの言葉―

麗香
沢山いいお芝居や美術館など行きなさい。
また、優れた方々とお会いして 学び自分の感性を磨いてね。
中身は何歳になっても色んな形で磨き上げなさい。
これは一生涯の自分のための自分で努力する仕事です。
私は今それをつくづく感じます。
色々な事は経験してきていますが
それを自分の学習にして逆に自分の生きる力にすること
そんな事は頭では解っていますが、現実は中々自分で成し遂げるのは難しいです。
劣悪な経験もあります。

そんな事をいちいち自分の生きる力になんてマジマジ出来ないのが現実です。
人間って感情の動物だから、心が癒えるなんて何10年経ってもそれは無理ね。
まあ強がり言って自分を叱咜激励して何食わぬ顔してみるのもいいかもですが
本当に弱い自分をさらけ出して泣き崩れるのも必要です。

そんな時はｍｏｍｍｙのところにいらっしゃいね
ｍｏｍｍｙも麗香のところに行かせてね
ｍｏｍｍｙの一番愛する麗香

執筆作業終盤に母から貰ったこのメッセージ。

あらためて、もっと素直に生きていい。子供だから、親だからと言う事以前に、そのままで、伸び伸びと、楽に生きて良い。子供に羽を広げさせたいと思う様に、自分だって広げて良いんだと気付かされました。自分自身に課していた〝制限〟にもハッとさせられ、もっと自分に目を向けてあげること。自分という花に毎日水を注いであげること。自分を輝かせる事をしていたら、その輝きで周りをも明るく出来ると、私は確信しています。多種多様なこの時代、様々な選択肢のある中、何を選択していくのかは、自分次第です。

〝自分らしく〟と一言で言っても、それ自体分からなくなる時があります。

そんな時は、どの自分で居る事が自分にとって〝気持ちが良い〟か、どの選択が自分にとって心地良いか。そのアンテナを養う事で、日々の選択がシンプルになってきます。

私はこれからの人生は〝もっとシンプルに〟、〝もっと明確に〟がテーマです。自分の人生を見渡して、何をどの様に選択していくかを決めたら、あとは実行するのみ。皆様にも、これからの選択に自信を持って心から楽しんでもらいたいと切に願っております。

おわりに

私は幼少期から、人の心理に非常に興味がありました。好奇心旺盛で「どうして？」「なんで？」の連続でした。人の深層心理を知るためにも良く人を観察してきました。そのおかげで、少しではありますが洞察力が養われ、人の心理が感覚的に分かるようになりました。それは良かったのか悪かったのかは分かりません。後にそのことで、自分自身が翻弄される事が多かったからです。

ただそれによって、自分自身を取り戻す心の旅に出ました。

〝自分とは？〟問いかけの日々です。

今思うと、それまでは人からの目線で自分を見ていました。そして、望まれる姿を演じていました。それは自分の殻を被った別人。それに気が付き真の自分に戻れた時、自分で在る事の喜びが戻って来たのです。これぞ自分。自分を生きるということ。

クリアリング後の内的解放と共に感じる自由な感覚。深く深呼吸が出来、目から曇りは拭われ、見える世界が違いました。

あまりにシンプルで大きな目覚め。その時、感謝や喜びも同時に感じました。

自分にたくさんの制限をつけていた時代は何をやっても心に引っかかりがあり、伸び伸びと生きることが難しく、たくさんの葛藤を経験し、我流のクリアリングメソッドで自分を解きほぐしていきました。

一つ一つ溶きほぐし、本来の自分で歩むことの喜びや大切さを噛み締めたとき、この感覚を自分だけのものにしておくのでは無く、この発見や学びを〝皆様と共に感じたい〟という感情が生まれました。それをシェアして少しでも皆様のお役に立てれたらと感じたのです。自分のありのままの心の声を文章にすることは非常に勇気がいりましたが、同じ気持ちを抱える多くの方と共感したいという思いの方が大きくなり、この、〝本を書く〟という作業で自己と向き合い、幼少期から細かに今までの自分を見直すチャンスとも考え、真摯に取り組むことが出来ました。このチャンスを頂けたのも、皆様という存在があってのことです。本当にありがとうございます。

またこの数年間に渡り、私の目覚めと気付きのサポートをしてくれた愛深きプロフェッショナルなこの方々に心から感謝と敬意を贈らさせて頂きます。

どの様な状況に私自身置かれていようが、物事全てに光を見出し、己の気付きとして導いてくれました。常に温かな愛で包んでくれ、その温かさで私の前進を優しく後押ししてくれました。

『100パーセント自分原因説』の著者、セラピストの秋山まりあさん。私はこのメソッドで幼少期からのほとんどのトラウマと向き合い、紐解き、解消する事が出来ました。

アクセスコンシャスネス認定ファシリテーターの、セラピストの鐘山まきさん。アクセスバーズという素晴らしいツールを私自身に習得させてくれ、脳のリフレッシュ、潜在意識の浄化、不必要な思考のリリースなどをする事で、新しいインスピレーションを活性化させてくれる自分作りが可能になりました。

フォーチュンアドバイザーのイヴルルド遥華さん。常に愛とパワーと輝きを私の人生に見出させてくれ、物事に愛を見出し、真実をシンプルに見、感じる事が可能になりました。

御三方三様のどこにも無いオリジナリティーの知性と感性に、私はいつも新しい発見と共に感激がありました。

闇にフォーカスするのでは無く、光で教えてくれるハートとメソッドは私に非常に合っていました。人生という教科書をどの方法で読み解いていくか、迷走もしました。しかし、御三方と出会ってからはとてもスムーズに自分自身の人生を紐解き、自身を歩む事が出来る様になりました。出会いも人生の一つです。出会いや物事に感謝して、一つ一つを大切に自分の人生の宝物として行きたいと心からそう思います。

あらためて、秋山まりあさん、鐘山まきさん、イヴルルド遥華さん、ありがとうございました。この本が完成出来たのは御三方に出逢えたからです。心を込めて……。

私自身、未だに毎日様々な発見と学び、変化の渦中におります。この執筆作業自体が私の新たなクリアリングとなったことも確かです。私がこの本を書くことを自分に〝許可〟した様に、皆様もご自身にたくさん〝許可〟することを実施して頂きたいと思います。

どこをどの様に受け取るかは皆様のハート次第。心のフックや解放がサインとなります。心に指針を定め、後はご自身の心に従って下さい。そこで見つける本来のご自身はこれからの人生の愛すべき存在、宝物になるはずです。この本が皆様の新たな扉を開けるお手伝いとなれば大変嬉しく思います。

この本を手に取り、最後まで目を通して下ったことに心から感謝致します。

Reika

著者紹介

橋本麗香（はしもと　れいか）

1980年12月25日生まれ。東京都出身。10歳よりモデル・子役としてデビュー以降、『Ray』の専属モデルをはじめ、数々の女性ファッション誌、広告に出演し女優としても活躍。近年はモデル活動のほか、天然石を使用した美容グッズをプロデュースするなど、美と健康に関するライフスタイルを提案し続けている。一児の母でもあり、等身大を綴ったインスタグラムも人気。（reikamaria）現在、クリアリングアドバイザーとして活動中。

クリアリング主義

―自分を知って楽しく生きる―

著者　橋本麗香

2020年 2月19日　初版発行

発行者　横内正昭
発行所　株式会社ワニブックス
〒150-8482　東京都渋谷区恵比寿4-4-9　えびす大黒ビル
TEL　03-5449-2711（代表）　03-5449-2713（編集）
印刷所　凸版印刷株式会社

Printed in JAPAN 2020
ISBN 978-4-8470-9894-9

装丁／村田江美（mint design）

ワニブックスのホームページ　http://www.wani.co.jp/